横向兼并的反垄断分析

张 曦 著

中国财政经济出版社

图书在版编目（CIP）数据

横向兼并的反垄断分析/张曦著．—北京：中国财政经济出版社，2016.2
ISBN 978－7－5095－6583－4

Ⅰ.①横…　Ⅱ.①张…　Ⅲ.①企业兼并－研究　Ⅳ.①F271

中国版本图书馆 CIP 数据核字（2015）第 309950 号

责任编辑：周桂元　　　　责任校对：黄亚青
封面设计：孙俪铭　　　　版式设计：董生平

中国财政经济出版社 出版
URL：http：//www.cfeph.cn
E－mail：cfeph@cfeph.cn

社址：北京市海淀区阜成路甲 28 号　邮政编码：100142
营销中心电话：88190406　北京财经书店电话：64033436　84041336
北京京华虎彩印刷有限公司印刷　各地新华书店经销
787×960 毫米　16 开　11.75 印张　200 000 字
2016 年 2 月第 1 版　2016 年 2 月北京第 1 次印刷
定价：26.00 元
ISBN 978－7－5095－6583－4/F·5297
（图书出现印装问题，本社负责调换）
本社质量投诉电话：010－88190744
打击盗版举报热线：010－88190492，QQ：634579818

前　言

从20世纪90年代起，在经济转型、产业结构调整、扩大开放等多种因素的作用下，中国兴起了一股以横向兼并为主的并购浪潮。由于横向兼并易于产生单边效应和协调效应，一直以来是世界各国反垄断当局关注的重点。中国虽然在2008年也实施了《反垄断法》，但由于《反垄断法》本身以及已经出台的一些配套实施细则规定的是一些较为粗线条的甚至是原则性条款，这就使得依据《反垄断法》对横向兼并进行反垄断审查面临极大的挑战。加强对横向兼并的反垄断研究是《反垄断法》顺利实施的迫切需求。

本书正是在上述背景下，以新古典经济理论中的古诺寡占竞争模型和Bertrand寡占竞争模型为基本理论模型，对现有研究单边效应的文献进行了系统的梳理，然后在此基础上重点分析了横向兼并的协调效应以及在反垄断审查和资产剥离方面存在的问题，并得出以下对反垄断实践具有重要指导价值的结论：

第一，与传统产业组织理论认为对称有利于合谋的结论不同，在成本对称的部分合谋市场上，如果横向兼并不能产生协同效应或不能给兼并厂商带来效率改进，无论是参与合谋的厂商还是边缘竞争厂商，都基本上不具备兼并的动机。它们只有在满足特定条件时才会有动力发起兼并，但这种兼并不利于默契合谋的维持，因为它提高了“胡萝卜加大棒”策略下维持联合利润最大化的默契合谋所必需的最小临界贴现值。在成本不对称的市场上，大厂商参与的横向兼并通常会削弱其参与默契合谋的动机，增大默契合谋可维持的难度。如果进一步考虑到动态重复博弈中厂商间以何种方式选择何种产量（价格）作为合谋产量（价格）的困难，那么，横向兼并的协调效应可能要更低一些，这与目前欧美国家反垄断政策的主流理念相冲突——大厂商参与的横向兼并会促进合谋的形成和有利于合谋的维持。

第二，鉴于横向兼并有可能会产生单边效应和协调效应，一起大的横向兼并案通常需要经过反垄断当局的审查。由于总福利标准不仅忽略了收入再分配问题，将财富从消费者向生产者的转移视为中性，而且本身还存在逻辑混乱的问题，因此，不适合作为反垄断审查的标准。相反，消费者剩余标准不仅可以实现横向兼并的帕累托效率改进，而且易于反垄断当局执行，是一个可行的合意审查标准。

第三，在一个信息不对称的市场中，如果横向兼并有利可图但却不能通过反垄断审查，兼并厂商总是存在行贿的动机。当兼并厂商意识到政府监察部门存在信息核查预算成本时，它的最优行动是利用自身的信息优势来提供过量的信息和复杂的信息，以降低政府监察部门查实存在贿赂行为的概率，使得一项效率改进达不到消费者剩余标准的横向兼并获得通过。因此，提高兼并厂商提交信息的质量成为解决反垄断审查中寻租问题的关键。

第四，基于古诺寡占模型的理论研究表明：（1）在对称情形下，当边际成本满足一定条件时，即便是不进行资产剥离，横向兼并也可能不会引致价格上涨。只有在兼并将导致价格上涨的情形下，反垄断当局才可以要求兼并者剥离部分资产。（2）在兼并前厂商成本函数对称的情况下，任何竞争对手大于零的资产剥离都是合意的，而向潜在进入者剥离资产却会导致价格上涨，除非兼并可以产生资产协同效应并扩大内部人或兼并厂商的联合产能。当存在这种资产协同效应时，向潜在进入者剥离资产应当是反垄断当局的最优选择，因为这会导致比向竞争者剥离资产更优的市场结构，更有利于恢复市场竞争和保护消费者福利。（3）在不对称情形下，如果厂商间的技术相同，区别仅仅在于资产拥有量的不同，那么向潜在进入者剥离资产是不合意的，这将导致兼并后的价格高于兼并前的市场均衡价格。（4）如果厂商掌握的技术不同，那么，潜在进入者技术越先进，进而边际成本越低，潜在进入者越有可能以竞拍的方式赢得被剥离资产进入市场。当潜在进入者的技术最先进时，由潜在进入者获得兼并者的被剥离资产不仅有利于消费者，而且对潜在进入者和兼并者而言也是有利可图的。如果潜在进入者的技术落后于市场上的在位者，它就没有能力进入市场成为一个活跃的竞争者，此时，反垄断当局只能向在位者即兼并者现有的竞争对手剥离资产。这些结论的一个直观而重要推论就是资产剥离的有效性在很大程度上取决于能否寻找到合适的受让人。

当然，本书仅仅是一个一般性的理论研究，并未对中国现阶段横向兼并中的突出问题——国企横向兼并和外资企业对国内行业龙头企业的兼并问题——进行相应的理论分析，也没有对如何通过合理的信息筛选和披露机制缩小兼并方与反垄断当局之间的信息不对称问题进行深入研究，这将是笔者下一阶段理论研究的重点。

由于作者能力有限，书中难免存在错误与不足之处，敬请广大读者批评指正。

张　曦

2015年于哈尔滨

目　　录

第一章

导　论

一个企业通过兼并其竞争对手的途径成为巨型企业是现代经济发展史上的一个突出现象。没有一家美国大公司不是通过某种程度、某种方式的兼并而成长起来的，几乎没有一家大公司主要是靠内部扩张成长起来的。

——乔治·斯蒂伯格

第一节　选题背景

内部积累扩张和外部兼并扩张是企业成长的两条基本途径。现在家喻户晓的跨国大企业基本上都是通过一定程度的兼并活动发展起来的。在某种意义上，西方国家工业化的进程就是一部企业并购史。

从 19 世纪末至今的百余年时间内，以美国为典型代表的西方发达国家已经经历了五次并购浪潮。[①] 规模巨大和以横向兼并为主是这场始于20世纪90年代的第五次世界兼并浪潮的两个显著特点。美国波音公司以133亿美元并购麦道公司，美国埃克森石油以810亿美元并购美孚石油公司，德国奔驰公司与美国克莱斯勒公司的合并涉及金额达920亿美元，更有甚者，美国的世界微波通信公司以1270亿美元收购斯普林特公司，英国沃达丰空中通讯公司以1480亿美元收购德国的曼内斯曼公司。

作为新兴经济体国家中的佼佼者，中国成为此次全球性并购浪潮的主战场之一，并呈现出以下两个特点：（1）并购数量迅速增长。根据ChinaVenture的统计数据，在短短的8年时间内，中国的年并购案例数量增长了几十倍，并购金额则增长了百倍以上（见表1－1）。这部分是由产业结构调整和市场开放的压力所导致，部分归因于国有企业公司化改造和证券市场的发展。可以预见，随着中国经济转型进程的不断推进，产业结构调整的压力会越来越大，通过横向兼并淘汰低效的小企业将在未来相当长一段时间内继续推动并购数量的增长。（2）横向并购逐渐成为跨国公司进入中国的一种重要方式。在中国加入WTO之后，跨国公司在华投资的方式逐渐呈现出从“绿地投资”向并购投资转变的趋势。2002年外商在华并购的金额仅为20.72亿美元，占当年实际利用FDI金额中的3.93%，而到了2005年，这一数字快速上升到132亿美元和18.23%（见图1－1）。与此同时，跨国公司在华的横向并购越来越瞄准国内行业中的龙头企业，并涌现出一大批并购龙头企业的成功和失败案例。例如，通用对德尔福、凯雷对徐工机械、达能对“娃哈哈”的并购、德国FAG对西北轴承、英国伯顿对大连第二电机厂、西门子对锦西化机、印度米塔尔对华菱管线、韩国SKN对北方铜业、法国通用水务公司对上海自来水浦东公司、TESCO对乐购、百思对江苏五星电器、家得宝对家世界家居以及沃尔玛对好又多的并购。

横向兼并虽然具有实现规模经济、财务和管理协同作用以及降低固定成本投资等积极的方面。但同时，它还具备改变市场结构从而增强兼并厂商的市场势力和削弱竞争的消极方面。因此，大规模的横向兼并一直以来是反垄断重点关注的内容。

---

① 有学者将2005年开始的以资源型行业并购为主的兼并称为第六次兼并浪潮。

表 1-1 **2002—2009 年中国并购情况**

年份	并购案例数量（件）	已披露金额案例数量（件）	并购金额（亿美元）
2002	21	17	4.38
2003	29	17	7.55
2004	48	29	43.06
2005	78	47	43.24
2006	141	95	168.58
2007	311	228	221.56
2008	834	667	945.22
2009	356	268	550.56

数据来源：根据 China Venture（http：//www.chinaventure.com.cn/）披露的数据整理而得。

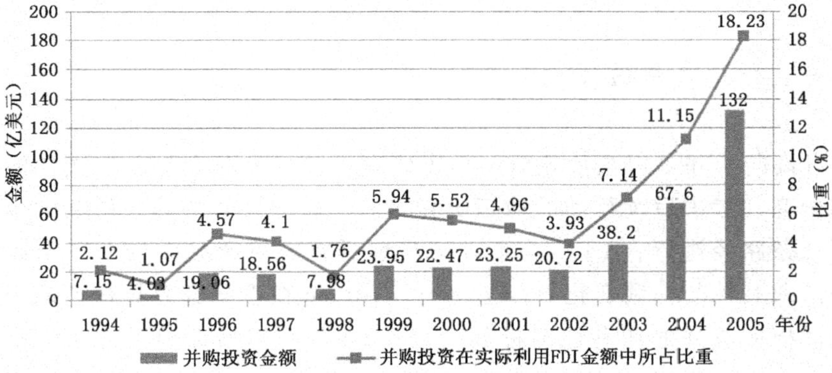

图 1-1 1994—2005 年并购投资在中国实际利用 FDI 金额中的比重

数据来源：李珮璘："跨国公司并购与中国战略产业的发展"，《世界经济研究》，2008 年第 7 期，第 16 页。

相对于西方发达国家百年的并购历史，横向兼并在中国还是一个新鲜的事物。面对汹涌而至的横向兼并浪潮，政府需要出台相关的法规和政策来应对可能出现的反竞争效应。在这样的背景下，旨在维护竞争秩序和保护消费者权益的"经济宪法"——《中华人民共和国反垄断法》（以下简称《反垄断法》）——在经过数十年的讨论后于2008年8月1日起正式实施。但迄今为止，仅仅出台了《国务院关于经营者集中申报标准的规定》、《经营者集中申报办法》、《关于经营者集中简易案件申报的指导意见》等实施细则，其余的实施细则因缺乏理论支撑尚未出台，这就使得依据《反垄断法》对横向兼并进行反垄断审查面临极大的挑战。因为《反垄断法》本身的规定仅仅是一些粗线条的原则性条款。在对横向兼并进行反垄断审查的过程中应当采用什么样的审查标准、如何来衡量横向兼并可能引发的反竞争效应等一系列问题都需要解答，这就使得对于横向兼并的反垄断研究不仅具有重要的理论意义，还具有重要的现实意义。

第二节 文献综述

一、单边竞争效应

对横向兼并单边竞争效应的学术研究可以分为两大类：一次性博弈的静态研究和考虑后续行动的动态研究。而一次性博弈的静态研究大致主要沿着三条路径进行：（1）基于古诺模型研究同质产品市场上厂商间横向兼并的获利性与福利变化；（2）基于Bertrand模型研究差异性产品市场上厂商间横向兼并的获利性与福利变化；（3）运用拍卖和讨价还价模型来研究通过投标程序或谈判来决定价格的厂商间横向兼并的获利性与福利变化。

（一）古诺模型

对横向兼并单边效应的开创性研究始于Salant，Switzer和Reynolds（1983）的古诺寡头垄断竞争模型（以下简称SSR模型）。SSR模型在产品需求函数为线性、厂商具有对称的不变边际成本和没有产能限制的条件下，得出没有成本协同效应的古诺寡头垄断竞争行业中不存在横向兼并动机，除非参与兼并的厂商占据了整个行业厂商数量的 80% 以上[①]。由于 SSR 模型的结论与现实不符，无法解释全球范围的几次兼并浪潮，受到众多学者的质疑。

针对 SSR 模型的缺陷，一个似乎可行的研究方向是允许进行兼并的各方拥有可以以某种方式有效结合的资产。沿着这种思路，Perry 和 Porter (1985)[②] 将资产引入了成本函数，构建了一个二次成本函数的古诺模型（以下简称 P&P 模型）。在 P&P 模型中，厂商拥有的资本量越多，规模越大。当两个厂商合并后，资本量的增加将导致边际成本的下降，进而在与市场上其他厂商竞争中处于优势。与 SSR 模型的不变边际成本模型相比，P&P 模型中的竞争对手由于其边际成本随产量的增加而上升，产量扩张能力要小，因此，横向兼并似乎总是有利可图的。这一研究颠覆了 SSR 模型的研究结论。Chang 和 Harrington（1988）[③] 在 P&P 模型下引入了耐用资本品的不可逆投资。耐用资本给予了兼并厂商一定的成本竞争优势，同时也提高了沉淀成本。与未参与兼并的竞争对手相比，兼并者的不可逆投资导致的沉淀成本的增加减少了来自于兼并的潜在成本节约，进而降低了兼并获利的可能性。

与上述基于线性需求等特定的市场假设条件进行建模分析不同，Farrell 与 Shapiro（1990）[④] 在总结 SSR 模型和 P&P 模型的基础上，基于一般性的需求函数和成本函数的标准古诺模型，对古诺寡头垄断竞争市场中横向兼并的价格和福利效应进行了全面系统分析（以下简称 F&S 模型）。如果横向兼并不能产生成本协同效应，兼并后的新厂商在内部合理安排生产所带来的收益不足以抵消涨价的动机，兼并将导致参与兼并的厂商削减产量、提升价格，而未参与兼并的厂商将扩大产量，但总的效应是：行业总产量下降，价格上涨。如果兼并使古诺竞争行为向合谋行为转变，价格上升的幅度将更大。只有当

---

① Salant, S. W., Switzer, S. and Reynolds, R. J. Losses from Horizontal Merger: The Effects of an Exogenous Change in Industry Structure on Cournot – Nash Equilibrium [J]. *Quarterly Journal of Economics*, 1983, 98: 185 – 99.

② Perry, M. K. and Porter, R. H. Oligopoly and the Incentive for Horizontal Merger [J]. *American Economic Review*, 1985, 75: 219 – 227.

③ Chang, Myong – Hun and Harrington, Joseph E. The Effects of Irreversible Investment in Durable Capacity on the Incentive for Horizontal Merger [J]. *Southern Economic Journal*, 1988, 55: 443 – 453.

④ Farrell, J. and Shapiro, C. Horizontal Mergers: An Equilibrium Analysis [J]. *American Economic Review*, 1990, 80: 107 – 126.

兼并获得足够大的效率改进时（主要体现为边际成本的下降），兼并才会导致兼并后的市场均衡价格下降。进一步，参与兼并的厂商的市场份额越大，兼并导致市场价格下降要求兼并必须获得更多的协同效应——规模或学习效应。因此，如果兼并能够有效利用规模经济或学习效应，兼并将导致产出增加和价格下降的合意福利效应（具体分析见第三章第二节）。F&S 模型为判断横向兼并是否改善社会福利提供了充分的判据。由于其结论是在一般性的假设条件下获得的，因此具有一定的普遍性，为后续的横向兼并研究确定了基本构架。

无论是 SSR 模型，还是 P&P 或 F&S 模型，都只关注兼并的产量或价格效应，而忽视了兼并中进入的影响。① Werden 和 Froeb（1998）② 在假定市场自由进入（不存在斯蒂格勒所指出的各种进入壁垒）、不存在在位者运用战略行为阻止进入等条件下，发现在一个同质产品的对称古诺模型（以下简称 W&F 模型）中，兼并所产生的高价格似乎不足以吸引潜在进入者的进入。进入必然导致行业价格的下降，使得没有协同效应的兼并者无利可图，因而有利可图的兼并必然导致价格上涨。Vives（2002）③ 通过对古诺市场上 Bayesian Cournot – Nash 均衡解下私人信息和战略对效率影响的研究发现：在自由进入的情况下，由私人信息所导致的价格扭曲消失的速度要远慢于市场势力所导致的价格扭曲的消失速度。随着厂商数目的增加和市场容量的扩张，基于市场势力的价格扭曲将很快消失。

Spector（2003）进一步拓展了 Farrell 和 Shapiro（1990）与 Werden 和 Froeb（1998）的研究。Spector 的研究结论认为，如果参与兼并的厂商在兼并前的产量严格为正、兼并收益严格为正且不产生技术协同效应，即便可能引

① 可行竞争理论认为，只要市场可以自由进入，在潜在进入者进入的威胁下，在位者的价格将接近于边际成本，因此，自由进入可以抵消厂商的市场势力（参见 Baumol, William J. Contestable Markets: An Uprising in the Theory of Industry Structure [J]. *The American Economic Review*, 1982, 72: 1 – 15）。受芝加哥学派这种理论的影响，美国法院认为只有可以自由进入，横向兼并的反竞争效应才可以被进入的威胁所抵消。

② Werden, G. J. and Froeb, L. M. The Entry – Inducing Effects of Horizontal Mergers: An Exploratory Analysis [J]. *The Journal of Industrial Economics*, 1998, 46: 525 – 543.

③ Vives, X. Private Information, Strategic Behavior, and Efficiency in Cournot Markets [J]. *The RAND Journal of Economics*, 2002, 33: 361 – 376.

发进入和避免固定成本的重复投入，兼并也将导致价格上涨[①]。这就意味着不必考虑进入条件，如果兼并不能产生协同效应或源于固定成本之外的规模经济效应，有利可图的兼并必然通过高价损害消费者。此外，如果规模经济仅仅源自于固定成本的存在，建立在兼并可以使厂商发挥规模经济优势的效率辩护是不能令人信服的。尽管消除固定成本的重复投入可以使兼并增加总福利，但如果兼并不能产生协同效应，这样的兼并必然损害消费者。

与 Spector 假设厂商间成本不同和递增的边际成本不同，Davidson 和 Mukherjee（2007）[②] 假定兼并前所有厂商的边际成本对称相等。在这样的前提下，Davidson 和 Mukherjee 发现：（1）如果厂商间进行产量竞争且没有进入的沉淀成本，导致任何程度成本协同效应的兼并都是可获利的；（2）伴随着自由进出，不存在搭便车问题；（3）横向兼并对均衡价格没有影响；（4）所有对兼并者有利可图的兼并同样也是对社会有益的。

此外，Norman 和 Pepallt（2000）[③] 研究了空间差异市场上的古诺均衡下两个厂商兼并的获利性和区位效应。由于两厂商的兼并可以协调他们的区位决策，因此一般总是可获利的。可获利的两个企业间的兼并减少了竞争压力，导致更高的价格和消费者剩余的减少，但是该兼并通过增加兼并厂商和未参与兼并厂商的区位效率和利润而增加了总剩余。

（二）Bertrand 模型

Bertrand 式的兼并因其相对于古诺式的兼并而言竞争更为激烈，反竞争效应小一些，与现实环境更为接近，所以在反垄断分析中应用更为广泛。

Deneckere 和 Davidson（1985）[④] 基于 Bertrand 寡头垄断竞争模型，在成本相同和需求对称的假设前提下，研究了从事差异性产品生产的厂商进行横

---

① Spector, D. Horizontal Mergers, Entry, and Efficiency Defenses [J]. *International Journal of Industrial Organization*, 2003, 21: 1591 - 1600.

② Davidson, C. and Mukherjee, A. Horizontal Mergers with Free Entry [J]. *International Journal of Industrial Organization*, 2007, 25: 157 - 172.

③ Norman, G. and Pepallt, L. Profitable Mergers in a Cournot Model of Spatial Competition [J]. *Southern Economic Journal*, 2000, 66: 667 - 681.

④ Deneckere, R. and Davidson, C. Incentives to Form Coalitions with Bertrand Competition [J]. *The RAND Journal of Economics*, 1985, 16: 473 - 486.

向兼并的获利性问题。通过价格博弈，兼并厂商总是能够从兼并中受益。这一方面得益于兼并者吸收了负的外部性，另一方面归因于厂商向上倾斜的反应曲线，未参与兼并的“局外人”强化了来自兼并者的价格上涨效应。在一定的需求条件下，兼并总是对所有的厂商有益，而且兼并的规模越大，收益越高。如果没有反垄断政策的干预，整个行业将朝着垄断方向集中。[①]

Levy 和 Reitzes (1992)[②] 构建了一个局部空间竞争模型（以下称为 L&R 模型），仍然是在假设成本相同和需求对称的前提下，分析了战略互补和产品差异不对称市场上兼并的反竞争问题，结果发现即便是没有效率激励，仍然有相当大的兼并动机去获取反竞争收益。

无论是 D&D 模型还是 L&R 模型都没有解释清楚与市场份额、需求弹性以及其他反垄断审查中强调的因素相关的兼并的价格和福利效应，这部分归因于他们考虑的仅仅是成本相同和需求对称的情形，而事实上，产品差异化行业往往是高度不对称的。在 D&D 模型和 L&R 模型研究基础上，Werden 和 Froeb (1994)[③] 基于 Logit 需求分析了规模不对称情形下单一品牌竞争者间的横向兼并，发现兼并总是导致行业中所有的产品价格上涨，但是不同产品的涨幅相差甚远。如果参与兼并的厂商规模不同，则兼并对他们产品的价格效应是非对称的，小市场份额产品的涨价幅度要高于大市场份额产品。此外，兼并者的两种产品的价格涨幅要远高于未参与兼并的厂商。而未参与兼并的大厂商的价格上涨幅度又要高于小厂商，因此，未参与兼并厂商的集中度的提高会增加兼并的价格效应，但是这种效应相对弱。值得指出的是，尽管兼并导致价格上涨，但仍可能增加福利，而未参与兼并厂商的集中度的提高可以减少来自兼并的损失，甚至可以从中获利。

---

① 值得指出的是，在 Deneckere 和 Davidson 的模型中，由于未参与兼并的厂商可以从竞争对手的兼并中获得更多利润，出现了“搭便车”现象，这就出现了“兼并悖论”——谁去发起兼并？因为每一个厂商都宁愿作为“局外人”享受更多的收益而非作为“局中人”去发起兼并。

② Levy, D. T. and Reitzes, J. D. Anticompetitive Effects of Mergers in Markets with Localized Competition [J]. *Journal of Law, Economics, & Organization*, 1992, 8: 427 - 440.

③ Werden, G. J. and Froeb, L. M. The Effects of Mergers in Differentiated Products Industries: Logit Demand and Merger Policy [J]. *Journal of Law, Economics, & Organization*, 1994, 10: 407 - 426.

在 Werden 和 Froeb（1994）研究的基础上，Froeb，Tschantz 和 Werden（2005）① 进一步系统地分析了在一个静态 Bertrand 行业中无兼并协同效应的价格上涨与存在兼并协同效应时以低价形式将边际成本的变化转移给消费者的让渡率（pass - through rate）之间的关系。根据 Bertrand 均衡的二阶条件，在单一产品对称行业中，让渡率为正。需求曲线的曲率引致没有兼并协同效应下价格上涨的幅度越大，同样会引致存在兼并协同效应下转移给消费者的边际成本节约的比例越高。

上述研究都没有考虑兼并对进入等其他要素的作用。Werden 和 Froeb（1998）② 的仿真研究显示，即便是大的横向兼并所创造的进入机会也会小到不太可能诱发进入。而在没有效率改进情况下的进入则使本来在其他情形下可获利的兼并变得无利可图。Cabral（2003）③ 则考虑了在空间差异的 Bertrand 行业，兼并之后发生进入的可能性。假定行业在兼并前和兼并后均处于自由进出下的均衡状态，空间（产品）差异化的垄断竞争行业中两个厂商兼并所产生的成本协同（边际成本下降）效应降低了进入的可能性，进而消费者的福利水平低于有新厂商进入的情形。兼并后的进入可以实质性地提高消费者福利水平。而垄断化兼并则很有可能诱发进入，导致比兼并前更低的价格。

以上文献都假定价格是唯一的竞争维度，但实际上在消费品行业，价格仅仅是影响竞争因素当中的一个，而很少有文献同时选择价格和其他战略变量来研究兼并的效应。Gandhi et al.（2008）④ 研究了兼并者同时选择价格和区位的兼并效应，弥补了这方面研究的空白。与单纯的价格竞争相比，价格—区位竞争的单边效应要小一些。在单纯的价格竞争模型中近乎完全替代品的组合使兼并者具有很强的涨价动机，而价格—区位模型使兼并者具有很强

---

① Froeb, L. M. , Tschantz, S. and Werden, G. J. Pass - through Rates and the Price Effects of Mergers [J]. *International Journal of Industrial Organization*, 2005, 23: 703 - 715.

② Werden, G. J. and Froeb, L. M. The Entry - Inducing Effects of Horizontal Mergers: An Exploratory Analysis [J]. *The Journal of Industrial Economics*, 1998, 46: 525 - 543.

③ Cabral, L. Horizontal Mergers with Free - entry: Why Cost Efficiencies May Be a Weak Defense and Asset Sales a Poor Remedy [J]. *International Journal of Industrial Organization*, 2003, 21: 607 - 623.

④ Gandhi A. , Froeb, L. , Tschantz, S. and Werden G. J. Post - Merger Product Repositioning [J]. *The Journal of Industrial Economics*, 2008, 56: 49 - 67.

分离产品的动机，进而降低了其涨价的动机。同时，兼并者对其产品组合的重新定位减少了兼并给予未参与兼并的竞争者的好处。兼并者将对其产品组合进行重新定位，使其相互远离对方，最大限度地降低品牌间的替代效应。由于这种重新定位大大地降低了兼并者涨价的动机，因而减少了因兼并者涨价而导致未参与兼并的竞争者的需求增加，实质性地缓解了兼并的单边效应。此外，兼并者对其产品组合的重新定位导致未参与兼并的竞争者向市场中间地带收缩，加剧了他们之间的价格竞争，降低了他们的涨价动机。上述效应的结合实质性地减少甚至会消除兼并给未参与兼并者所带来的好处，结果是兼并者获取了竞争程度降低的大部分收益，而未参与兼并的竞争者的境遇可能会变得更差。

（三）拍卖和讨价还价模型

在 Bertrand 模型中，由每个厂商设定价格，购买者在给定的价格下做出自己的购买决策，因此，Bertrand 模型特别适合存在大量消极购买者[①]的差异性产品市场。但在很多环境中，大的购买者可以运用策略设计自己的采购程序，进而从供应商那里获得最好的价格。不少学者运用拍卖和讨价还价模型对这种情形下供应商横向兼并的单边效应进行了研究。

1. 拍卖模型[②]

Mailath 和 Zemsky （1991）[③] 运用次高价竞拍模型的分析结果显示，联合投标总是有利可图的，因而投标者总是具有兼并的动机。Tschantz et al.（2000）[④] 进一步比较了密封报价模型与公开报价模型中兼并的价格效应。

---

① 消极购买者指的是购买者被动接受供应商提供的产品价格，不具有讨价还击的能力。

② 与研究拍卖市场兼并问题并行的一组文献是研究拍卖市场上合谋的文献。如果合谋厂商能单边支付和分配谁去有效率地中标，那么，在拍卖市场上的合谋和兼并将具有同样的效果（参见 Debrock and Smith（1983），Graham and Marshall（1987），Thomas von Ungern – Sternberg（1988），Mailath and Zemsky （1991），McAfee and McMillan（1992），and McAfee（1994））。

③ Mailath，G. J. and Zemsky，P. Collusion in Second Price Auction with Heterogeneous Bidders ［J］. *Games and Economic Behavior*，1991，3：467 – 486.

④ Tschantz，S.，Crooke，P. and Froeb. L. Mergers in Sealed versus Oral Auctions ［J］. *International Journal of the Economics of Business*，2000，7：201 – 12.

Dalkir et al.（2000）[①] 假定兼并后的预期成本低于兼并前两个独立厂商中的任何一个，同时因厂商数量的变化而预期存在一个价格的上涨效应，这样，如果想平衡价格上涨效应，兼并必须获得额外的效率收益。Dalkir et al. 的模拟结果确认了这一来自 Willianmson（1968）的论点。通常情况下，由兼并引发的价格上涨是温和的。与 Dalkir et al.（2000）的研究结论相似，Brannman 和 Froeb（2000）[②] 基于维可瑞拍卖（Vickrey Auction）模型（或次高价公开竞拍模型）的模拟结果同样显示兼并的价格效果很小[③]，要想获得显著的价格效应，竞标者的合谋者必须包括所有参与者。

在卖者以竞拍方式从买者那里获得销售订单的维可瑞拍卖模型中，成本最低者以略低于成本第二低的报价赢得拍卖。在这种拍卖中，只有当兼并或合谋发生在成本最低的两个竞拍厂商之间，才会影响到价格，使得最终价格上涨到成本第三低的厂商的成本价，从而竞拍厂商兼并的预期价格效应取决于两个兼并者是成本最低的两个厂商的概率与第二低成本与第三低成本的差的乘积。这显然又取决于竞拍者的联合成本分布的性质。Froeb 和 Tschantz（2002）在拥有私人估价的次高价拍卖模型的框架下，对竞拍者的私人估价相互关联时的兼并效应进行了有益的探讨。如果两个兼并者的成本正相关，则兼并者是成本最低的两个厂商的概率越高，兼并的价格效应越大。在两个兼并者间成本相关的情况下，兼并的效应与兼并者的市场份额之间的关系弱化了。在市场份额不变的假设前提下，兼并者成本正相关则兼并的价格效应大，负相关则兼并的价格效应小。

Waehrer 和 Perry（2003）[④] 进一步发现在公开拍卖中买者的最优竞拍底价

---

① Dalkir, S., Logan, J. W. and Masson, R. T. Mergers in Symmetric and Asymmetric Noncooperative Auction Markets: The Effects on Prices and Efficiency [J]. *International Journal of Industrial Organization*, 2000, 18: 383 - 413.

② Brannman, L. and Froeb, L. M. Mergers, Cartels, Set - Asides, and Bidding Preferences in Asymmetric Oral Auctions [J]. *The Review of Economics and Statistics*, 2000, 82: 283 - 290.

③ 模拟结果表明最显著反竞争兼并所导致的价格上涨幅度还不到3%，而兼并所获得的4%的边际成本节约效应足以抵消1%的价格上涨。

④ Waehrer, K. and Perry, M. K. The Effects of Mergers in Open - Auction Markets [J]. *The RAND Journal of Economics*, 2003, 34: 287 - 304.

随市场集中度的提高而降低。[①] 低的竞拍底价能部分或全部抵消兼并的价格效应。然而，兼并总是减少了买者的福利。低的竞拍底价同样也因兼并无利可图而削弱了大的供应商间横向兼并的动机，进而导致稳定的市场结构。

2. 讨价还价模型

Horn 和 Wolinsky（1988）[②] 研究了存在双边垄断关系的上（下）游厂商间横向兼并的激励问题。假设下游市场的两家厂商的技术呈现规模报酬不变、线性需求、线性成本和从事产量竞争，其投入品由垄断厂商供给，投入品的价格由双方讨价还价决定。在信息对称即上游厂商与两个下游厂商的价格同时决定且价格一致的条件下，下游厂商的产品是替代（互补）品时，垄断的上游厂商的获利水平多于（少于）存在两个独立的上游供应商的获利之和，这意味着如果上游是双寡头市场结构，两厂商间存在或不存在兼并动机。相应地讲，当上游是一个垄断厂商时，下游厂商生产的如果是替代品（互补品），则通过兼并而垄断化的利润少于（多于）双寡头的利润之和。也就是说当上游是垄断供应商，下游生产的如果是替代品（互补品），则下游厂商间不存在（存在）兼并的动机。[③]

Vistnes（2000）[④] 运用医院的例子解释了在两阶段博弈中，作为医疗计划中的相互替代者，两家医院间的兼并能够使其在第一阶段获得了更大的讨价还价能力，这将导致医疗价格的上涨。Raskovich（2003）[⑤] 的研究却表明也可能出现相反的情况——大规模并不总是具有增强讨价还价能力的优

---

① Waehrer 和 Perry 假定各供应商的成本分布差异由其产能来定义，市场份额由其产能占整个行业产能的比例来表示。

② Horn, H. and Wolinsky, A. Bilateral Monopolies and Incentives for Merger [J]. *The RAND Journal of Economics*, 1988, 19: 408 -419.

③ 当下游厂商生产的是替代品时，通过兼并而获得的一般意义上的收益被其与上游供应商面对面讨价还价地位的弱化抵消了，因而不存在兼并动机。

④ Vistnes, G. Hospitals, Mergers, and Two - Stage competition [J]. *Antitrust Law Journal*, 2000, 67: 671 -692.

⑤ Raskovich, A. Pivotal Buyers and Bargaining Position [J]. *The Journal of Industrial Economics*, 2003, 51: 405 -426.

势。一旦兼并将导致兼并后新厂商规模大到成为供应商的关键购买者[①]，在供应商与所有的购买者同时进行双边纳什谈判时，兼并将弱化关键购买者在双边谈判中的地位。Adilov 和 Alexander（2006）[②] 却认为 Raskovich 的结论不再成立，因为该模型忽略了一个重要的因素——通过兼并成为关键购买者的谈判能力。Adilov 和 Alexander 将关键购买者效应分解为绝对规模效应、相对规模效应和谈判能力效应。如果谈判能力效应在关键购买者效应中占据主导地位，那么，由兼并而成为关键购买者的新厂商会发现其谈判地位因兼并而实质上提高了。

Inders 和 Wey（2003）[③] 在双边寡头竞争的框架下，通过市场结构对租金分配的影响，推导出上下游厂商各自选择兼并的条件。下游厂商的兼并动机依赖于上游厂商的单位成本是递增的还是递减的，而上游厂商的兼并动机则取决于其产品是互补品还是替代品。当上游厂商的单位成本是递增的，为了增强讨价还价的能力，下游厂商具有兼并的激励。而当上游厂商的产品互为替代品时，上游厂商为了增强讨价还价的能力，具备兼并的动机。

与上述研究上（下）游厂商横向兼并不同，O'Brien and Shaffer（2005）[④] 研究了下游是垄断厂商的中间品市场上的横向兼并，发现一个伤害零售商的兼并可能增加福利。（1）如果兼并厂商可以运用捆绑策略，在没有成本效率的情况下，兼并厂商可以通过盘剥零售商的利润而提升自己的利润水平，但并不改变竞争者的盈利状况。这种利润水平的变化单纯是一种租金的转移，对消费者和社会总福利水平没有任何影响。反之，在存在成本效率的情况下，兼并在提升自身利润水平的同时不仅降低了竞争对手的利润，也可能造成零售商的损失。如果成本节约较小，零售商转移给兼并厂商的租金要大于成本

---

① 成为供应商的关键购买者意味着其他购买者远不能弥补供应商的总成本，要满足供应商参与的约束条件，剩余成本必须由关键购买者来弥补，否则供应商将选择不生产。此时，关键购买者退出采购的威胁变得不可信。

② Adilov, N. and Alexander, P. J. Horizontal Merger: Pivotal Buyers and Bargaining Power [J]. *Economics Letters*, 2006, 91: 307 - 311.

③ Inders, D. and Wey, C. Bargaining, Mergers, and Technology Choice in Bilaterally Oligopolistic Industries [J]. *The RAND Journal of Economics*, 2003, 34: 1 - 19.

④ O'Brien, D. P. and Shaffer, G. Bargaining, Bundling, and Clout: The Portfolio Effects of Horizontal Mergers [J]. *The RAND Journal of Economics*, 2005, 36: 573 - 595.

节约额，零售商利润也会下降。如果成本节约额足够大，则零售商可能从中获利。如果兼并厂商的捆绑策略不可行，则对兼并厂商利润增加的解释可归结于其讨价还价能力的高低。如果讨价还价能力弱，则利润的增长可以归功于联合产品相对于单个产品的订立契约的讨价还价能力优势。如果讨价还价能力足够强，则利润的增长来自于其多产品协调定价的能力。通过削减每种产品的产量，兼并者能够减少零售商对其某种产品销量下滑所带来的损失。(2) 在捆绑不可行的情形下，如果兼并者的讨价还价能力足够强，转移价格将上升，其他不变。在这种情况下，兼并者的收益要小于允许捆绑的情形。如果兼并者提高转移价格，竞争者从中获益，但零售商的处境总是要劣于兼并前。在兼并后，如果兼并者的讨价还价能力足够强，兼并者捆绑策略给零售商带来的损失要大于不允许捆绑的情形。

(四) 动态模型

上述文献考虑的是一次性博弈的静态兼并，忽略了动态环境下的横向兼并的单边效应，如兼并所引发的后续反应对第一次兼并和后续兼并的影响。

Nilssenhe 和 Sorgard (1998)[①] 基于古诺模型对序贯兼并进行了详细分析，发现在线性条件下，后续兼并对第一次兼并的获利性影响是不确定的。在第一次兼并能够激励对其产生正效应的后续兼并时，本来在孤立状态下无利可图的兼并变得可行。反之，在第一次兼并能够激励对其兼并产生负效应的后续兼并时，本来在孤立状态下有利可图的兼并变得不可行。此外，当序贯兼并间相互作用时，Farrell 和 Shapiro (1990) 的兼并条件高估了兼并的实际外部效应。

Gowrisankaran (1999)[②] 通过将兼并、投资、进入和退出内生化，发现横向兼并不仅通常会使产业变得更集中，而且会加快集中的速度。此外，兼并总是会增加生产者剩余，减少消费者剩余，但总剩余则是不确定的。

① Nilssen, T. and Sorgard, L. Sequential Horizontal Mergers [J]. *European Economic Review*, 1998, 42: 1683 - 1702.

② Gowrisankaran, G. A Dynamic Model of Endogenous Horizontal Mergers [J]. *The RAND Journal of Economics*, 1999, 30: 56 - 83.

在 Gowrisankaran（1999）研究的基础上，Gowrisankaran 和 Holmes（2004）① 进一步考察了兼并与产业集中两者间的关系。基于一系列严格的假设，通过对规模报酬不变的同质产品市场上主导厂商模型的研究，Gowrisankaran 和 Holmes 发现产业长期集中的程度依赖于初始集中水平。垄断产业仍将是垄断产业，完全竞争产业仍将是完全竞争产业。对于那些处于二者之间的产业，主导厂商可能通过兼并收购资本，也可能出售资产，这取决于其对未来行动的承诺能力。

（五）其他研究

Bresnahan 和 Salop（1986），Farrell 和 Shapiro（1990b），Flath（1992），Nye（1992），O'Brien 和 Salop（2000），以及 Reynolds 和 Snapp（1986）等人在古诺寡头竞争模型下研究了部分权益和合资的兼并问题。

Stephen 与 Charles（1998）② 在一个动态博弈模型中对同质产品古诺市场中横向兼并的短期和长期效应进行了比较。结果表明，由于短期内存在生产规模约束，即使兼并厂商在兼并的市场份额足够小，有利可图的横向兼并也会降低社会福利。然而，在长期，如果参与兼并的某个厂商的生产能力小于市场平均生产能力，则兼并一般会改善社会福利。此外，当市场中厂商数目超过一定的上限时，即使参与兼并的某个企业是规模最大的企业，只要其他企业的生产能力小于一定的下限，那么兼并也会提高社会福利。

Huck et al（2001）③ 研究了广义 Stackelberg 同质产品市场上企业横向兼并的获利性和社会福利问题，发现两个具有相同力量的企业很少具有兼并动机，而两个具有不同力量的企业总是具有兼并动机。不管哪一种类型的兼并行为发生，社会福利均是下降的。

---

① Gowrisankaran, G. and Holmes, T. J. Mergers and the Evolution of Industry Concentration: Results from the Dominant - Firm Model [J]. *The RAND Journal of Economics*, 2004, 35: 561 - 582.

② Stephen, P. and Charles, F. M. On the Welfare Effects of Mergers: Short Run vs Long Run [J]. *The Quarterly Review of Economics and Finance*, 1998, 38: 1 - 24.

③ Huck, S., Konrad, Kai A. and Müller, W. Big Fish Eat Small Fish: On Merger in Stackelberg Markets [J]. *Ecomomics Letters*, 2001, 73: 213 - 217.

Creane 和 Davidson (2004)[①] 研究了错位竞争战略对横向兼并的影响，结果发现如果兼并形成一个多部门厂商，通过在内部实施一个错位竞争 (staggered competition) 策略，可以使兼并后的这个多部门厂商获得市场优势，但这种兼并会对竞争者构成伤害。

化冰、陈宏民和翁轶丛 (2003)[②] 对差异产品的企业横向兼并的长期效应进行了研究。胡义东、钟德强和仲伟俊 (2006)[③]、刘莉和钟德强 (2006)[④] 研究了一部线性合约条件下零售商横向兼并对消费者福利的影响。钟德强和仲伟俊 (2005)[⑤]、刘莉、钟德强、刘辉和罗定提 (2008)[⑥] 研究了委托授权兼并模式对企业兼并激励的影响。

二、协调效应

Davidson 和 Deneckere (1984)[⑦] 指出，以扳机触发策略 (trigger strategies) 作为保证默契合谋执行的手段，如果合谋协议在最初就不是可维持的，那么，横向兼并将降低合谋的可维持性，因为协议隐含的触发点变得更有利于局外人。而 Rothschild (1999)[⑧] 的研究表明，扳机触发策略作为阻止背离的策略，其有效性以一种相当复杂的方式依赖于背离者与忠诚者间的相对

---

① Creane, A. and Davidson, C. Multidivisional Firms, Internal Competition, and the Merger Paradox [J]. *The Canadian Journal of Economics / Revue canadienne d'Economique*, 2004, 37: 951 -977.

② 化冰、陈宏民、翁轶丛："差异厂商横向兼并的长期效应分析"，《管理工程学报》，2003 年第 2 期，第 5—8 页。

③ 胡义东、钟德强、仲伟俊："异质产品供应链定价控制权与零售商横向兼并效应分析"，《管理工程学报》，2006 年第 4 期，第 31—35 页。

④ 刘莉、钟德强："合约可观察性与异质产品横向兼并效应"，《软科学》，2006 年第 5 期，第 25—34 页。

⑤ 钟德强、仲伟俊："Bertrand 竞争下异质产品企业委托授权与横向兼并效应分析"，《系统工程理论与实践》，2005 年第 10 期，第 1—10 页。

⑥ 刘莉、钟德强、刘辉、罗定提："异质产品 Bertrand 寡头竞争企业分散授权横向兼并效应分析"，《系统工程》，2008 年第 2 期，第 41—46 页。

⑦ Davidson, C. and Deneckere, R. Horizontal Mergers and Collusive Behavior [J]. *International Journal of Industrial Organization*, 1984, 2: 117 -132.

⑧ Rothschild, R. Cartel Stability When Costs Are Heterogeneous [J]. *International Journal of Industrial Organization*, 1999, 17: 717 -734.

效率。

在 Davidson（1984）和 Rothschild（1999）等人的基础上，Compte，Jenny 和 Rey（2002）① 进一步将产能不对称引入了无限次重复价格博弈模型。结果发现，在存在产能约束的情形下，如果大厂商参与的横向兼并导致行业内资产分布的不对称性进一步增强，那么该兼并将不利于默契合谋的维持。Vasconcelos（2005）② 基于古诺模型的分析进一步证实了 Compte，Jenny 和 Rey（2002）的结论。

与 Compte，Jenny 和 Rey（2002）基于产能不对称的分析思路不同，Kühn（2004）在一个差异性产品的模型中基于生产线的差异分析了横向兼并的协调效应。在 Kühn 的模型中，作为产能决定因素的资产在兼并中可以被单独出售或完全转移到另一个厂商。分析表明，在对称最优惩罚策略下，合谋的范围仅仅由最大厂商背离最严厉惩罚价格和最小厂商背离最高合谋价格的动机决定。市场上最小厂商通过兼并获得资产将促进合谋和提高最具获利性的合谋价格。然而，最大厂商通过兼并获得资产将趋向于破坏合谋和降低最具获利性的合谋价格。原因在于，一个小厂商通过兼并变得大一点后，它通过削价所获取的需求增量变少了，进而降低了其背离最高合谋价的动机。相反，一个大厂商当它相对市场规模变得更大后，很难会遭受什么惩罚。因此，惩罚的有效性被削弱了。由于这些原因，最大厂商发起的兼并会导致与直觉相反的结果，那就是兼并降低了最高的可实现的合谋价格。在这种环境下，不对称增加的兼并将不具有获利性，因为兼并者的总利润降低了。

三、横向兼并控制标准

对横向兼并控制的研究最早可以追溯到威廉姆森（1968）开创性的论文

① Compte, O., Jenny, F. and Rey, P. Capacity Constraints, Mergers and Collusion [J]. *European Economic Review*, 2002, 46: 1–29.

② Vasconcelos, H. Tacit Collusion, Cost Asymmetries, and Mergers [J]. *The RAND Journal of Economics*, 2005, 36, No.1: 39–62.

《作为一种反托拉斯辩护理由的经济效益：福利权衡》。威廉姆森[1]认为反垄断当局在对横向兼并案进行审查时应当采用总福利标准，充分考虑横向兼并中的效率因素。如果一起兼并导致厂商效率的提高足以提高整个社会福利水平时，就应该通过该项兼并申请，而不是以消费者剩余损失为借口禁止该项兼并。威廉姆森的观点得到了包括 Farrell 和 Katz（2006）[2]、Heyer（2006）[3]、Carlton（2007）[4] 等众多学者的支持。但以 Pittman（2008）为代表的学者对此却提出了严厉的批评。Pittman 等人认为厂商的效率难以观测，不便于反垄断当局执行，而且消费者相对于厂商处于劣势，不能以牺牲弱者为代价来使强者的境遇变得更好，一个合意控制标准下的横向兼并控制应该是帕累托效率改进的，而这正是消费者剩余标准的核心思想所在。Bain 和 McFetetridge（2000）[5] 通过对总福利标准、价格标准（消费者剩余标准）和加权剩余标准的研究发现，在效率溢出程度低、市场集中的情形下，一起横向兼并满足价格标准所需的长期边际成本节约幅度是总福利标准的 4 倍，是加权剩余标准的 2 倍。而 Neven 和 Röller（2005）[6]、Fridolfsson（2007）等人的研究却显示，总福利标准和消费者剩余标准之间不存在一个占优标准。

四、横向兼并的补救措施

目前，对于横向兼并的补救措施的理论研究相对较少。Compte，Jenny 和

---

① 威廉姆森著：《反托拉斯经济学——兼并、协约和策略行为》，经济科学出版社 1999 年版，第 4—19 页。

② Farrell, J. and Katz, M. L. The Economics of Welfare Standards in Antitrust [J]. *Competition Policy International*, 2006, 2: 3 - 28.

③ Heyer, K. Welfare Standards and Merger Analysis: Why Not the Best? [J]. *Competition Policy International*, 2006, 2: 29 - 54.

④ Carlton, D. W. Does Antitrust Need to be Modernized? [J]. *Journal of Economic Perspectives*, 2007, 21 (3): 155 - 176.

⑤ Bian, L. and McFetridge, D. G. The Efficiencies Defence in Merger Cases: Implications of Alternative Standards [J]. *The Canadian Journal of Economics*, 2000, 33 (2): 297 - 318.

⑥ Neven, D. J. and Roller, L. H. Consumer Surplus vs. Welfare Standard in a Political Economy Model of Merger Control [J]. *International Journal of Industrial Organization*, 2005, 23: 829 - 848.

Rey（2002）[①] 的研究显示，向行业内厂商进行资产剥离，倘若对行业内最大厂商和最小厂商的资产规模没有影响，则这样的资产剥离不会对竞争产生实质性影响，至少是不会对行业内的默契合谋形成影响。Cabral（2003）[②] 认为，兼并者通过向潜在竞争者出售资产能够有效地收买它们，劝说他们不开设新的商店，进而损害消费者。这实际上暗示资产剥离措施是无效的。Aldo Gonzalez（2007）发现，尽管资产剥离的成本高昂，但相对于仅仅依赖于反垄断当局对横向兼并效率的先验信念而言，建立在资产剥离基础上的决定能够获得相对更优的结果。资产剥离可以作为一种相对有效的工具来获得兼并方的私人信息——从兼并中可能得到的效率改进程度。Cosnita 和 Tropeano（2009）[③] 的研究进一步证实了这一结论。

在横向兼并补救措施的运用上，Foer（2001）指出一个可以接受的资产剥离应当能够恢复所有被影响的产品和地理市场上的竞争。而 Motta，Polo 和 Vasconcelos（2007）则进一步指出，反垄断当局只有在以下两个条件满足时才能运用结构性补救措施：（1）资产剥离后不大可能会引发单一厂商占优（单边效应）；（2）资产剥离后不大可能会引发联合占优问题（协调效应）。

五、简短的评述

从以上文献不难看出，目前对于横向兼并单边效应的研究已经相对较为成熟，但对协调效应的研究还有待于深入。而有关横向兼并控制标准的争论至今尚未结束，从总福利标准与消费者剩余标准的争论中找出一个可行合意的标准对反垄断实践具有重要的指导意义。同时，就笔者目前掌握的文献情况，尚未见到有关横向兼并补救措施的系统的理论分析，理论对反垄断实践的支持远远不够，这应当成为理论研究的一个重要方向。

---

① Compte, O., Jenny, F. and Rey, P. Capacity Constraints, Mergers and Collusion [J]. *European Economic Review*, 2002, 46: 1-29.

② Cabral, L. Horizontal Mergers with Free-entry: Why Cost Efficiencies May Be a Weak Defense and Asset Sales a Poor Remedy [J]. *International Journal of Industrial Organization*, 2003, 21: 607-623.

③ Cosnita, A. and Tropeano, J. P. Negotiating Remedies: Revealing the Merger Deficiency Gains [J]. *International Journal of Industrial Organization*, 2009, 27: 188-196.

第三节 研究内容与方法

一、核心概念界定

（一）兼并（Merger）与并购（Mergers and acquisitions，M&A）的区别

按照《新大不列颠百科全书》对兼并的解释，兼并指的是一个占优厂商吸收一个或多个独立的厂商或公司组成一个厂商的行为。兼并包括吸收兼并和新设兼并两种类型。在吸收兼并中，占优厂商作为最终厂商存续下来，而在新设兼并中，占优厂商也消失，取而代之的是一个新设立的厂商。

并购是兼并与收购的统称，指的是一家厂商以一定的代价和成本（如现金、股权等）来取得另外一家或几家独立厂商的经营控制权和全部或部分资产所有权的行为。并购包括兼并，但比兼并的范围要广。以吸收兼并为例，兼并要求占优厂商获得被兼并厂商的全部资产和完全的经营控制权，而并购可以仅仅要求获得被兼并厂商的控股权即可。本书的理论分析仅仅针对狭义的并购即兼并。

（二）横向兼并（Horizontal Merger）

横向兼并又称为水平兼并。根据《新大不列颠百科全书》对兼并的解释，本书将横向兼并定义为“同一行业内不同的竞争厂商间所进行的吸收兼并或新设兼并”。同一行业内的厂商不生产跨行业和/或跨市场的产品。

二、研究思路与结构安排

本书基于现实经济对横向兼并反垄断分析的需求，通过对现有文献的系

统整理，在厘清市场势力和福利以及横向兼并的单边效应的基础上，重点研究横向兼并的协调效应以及反垄断审查和补救措施方面存在的问题，以期为中国的横向兼并的反垄断审查实践提供一些有价值的指导意见。本书的基本研究思路如图 1－2 所示。

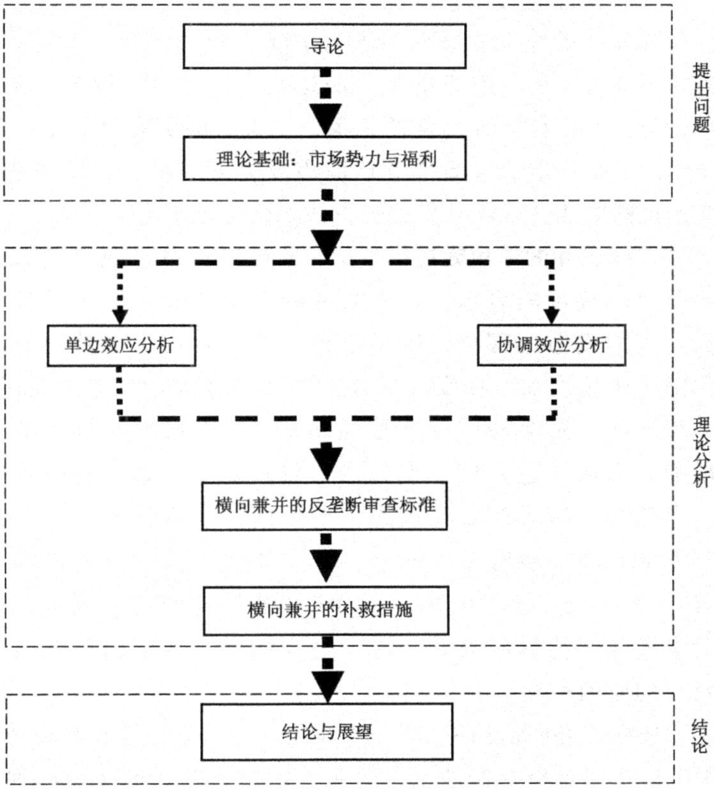

图 1－2　本书研究思路框架图

本书共七章，具体内容和结构安排如下：

第一章“导论”。本章介绍了本书选题的背景和提出问题，对横向兼并的单边效应、协调效应、控制标准和补救措施四个方面的相关文献进行简要回顾，并概要介绍本书的研究思路、结构安排和研究方法，指出本书可能的创新与存在的不足。

第二章“市场势力与福利”。本章介绍市场势力与福利等基础理论，旨在厘清市场势力与福利的关系。传统的反垄断主要基于市场势力有害的思想，这源于市场势力与静态福利之间的反向关系。市场势力不仅会导致资源配置无效率，还滋生出寻租和生产的无效率。这种思想由于忽略了市场势力的动态效率，遭到了熊彼特的批评。熊彼特认为，垄断（市场势力）是创新的前提。然而，阿罗和莫塔等人的研究却表明垄断不利于创新。事实上，拥有市场势力本身并不是有害的，有害的是厂商运用市场势力的行为。在市场势力与动态效率之间并不存在一种确定的关系，二者之间更有可能是一种倒 U 型关系。由于横向兼并一般会导致兼并厂商市场势力的增强，反垄断政策更应该关注厂商通过横向兼并这种外部成长方式增强市场势力的行为。

第三章“横向兼并的单边效应”。本章主要揭示单边效应的来源、影响因素及其对反垄断政策的启示。横向兼并的单边效应本质上是源自于兼并厂商将它们之间的竞争内部化，削弱了市场竞争程度，导致兼并后市场的均衡产量下降，价格上涨。在没有形成成本协同效应或效率改进的情形下，横向兼并虽然未必一定会降低社会总福利水平，但必然会导致兼并厂商市场势力的增强，形成单边效应。换言之，要想避免单边效应的形成，通常要求兼并厂商获得足够大的效率改进，即厂商长期边际成本的节约程度应当足够大。而成本、市场份额、进入、需求弹性、买方势力等因素都会影响到横向兼并的单边效应。由于单边效应必然损害消费者利益，这就要求反垄断政策审慎地对待横向兼并，这也是为何世界各国的反垄断当局普遍关注单边效应的原因所在。

第四章“横向兼并的协调效应”。本章旨在运用动态博弈解释协调效应内在的经济学机理及其对反垄断政策的启示。根据传统的产业组织理论，在对称情形下，横向兼并有利于合谋的形成和维持。但在部分合谋情形下，厂商一般没有进行横向兼并的激励。当约束条件从对称放松到更贴近现实情况的不对称情形时，上述结论便不再成立。在厂商（成本）不对称的情形下，导致行业内厂商的不对称性加强的横向兼并通常是不利于合谋的，而不改变行业内最大和/或最小厂商规模的横向兼并则对合谋没有影响。

第五章“横向兼并的反垄断审查”。本章目的在于选择出一个可行的、合意的审查标准并使之能够可以在实践中确保消费者福利不受损失。威廉姆森（1968）的效率与市场势力权衡理论（即福利权衡理论）的提出引发了一场对横向兼并的反垄断审查标准的争论。以威廉姆森为代表的总福利标准学派认为应该充分考虑兼并效率，只要兼并不降低社会总福利就应该获得反垄断当局的批准。这种观点由于忽略了财富的分配问题，将消费者财富向生产者的转移视为中性，受到了支持消费者剩余标准的学者的批驳。相对于总福利标准，消费者剩余标准不仅考虑到了收入再分配问题，而且可以实现横向兼并的帕累托效率改进，便于反垄断当局实施，是一个合意的可行审查标准。然而，反垄断审查机构与兼并厂商之间客观上存在的信息不对称和理性“经济人”追逐自身利益最大化的行事准则使得反垄断审查机构存在索贿的可能，导致本不能通过审查的有损于消费者福利的横向兼并获得通过。解决反垄断审查中的寻租问题的关键是提高信息的对称性和透明度。

第六章“横向兼并的补救措施”。本章通过对结构性补救措施的系统理论分析，为反垄断当局的实践提供支持。考虑到兼并效率和横向兼并对竞争可能造成的伤害，通过结构性补救来有条件地通过横向兼并申请是目前反垄断当局一个通行的做法。然而，结构性补救措施并非一定有效。从恢复市场结构的角度看，只有当潜在进入者的技术足够高，至少不低于在位者的技术时，将资产剥离给潜在进入者才是有效的结构性补救措施。而向现有的竞争对手剥离资产则会改变市场结构，而且有可能会增强行业内厂商间的对称性，增大合谋的可能。总之，反垄断当局在选择资产剥离措施时应该审慎评估。一方面，反垄断当局应该尽力确保让有能力成为活跃竞争者的潜在进入者受让剥离资产或业务，倘若不能，则退而求其次，在现有的竞争者中筛选出一家合适的厂商成为受让人，克服横向兼并所可能导致的单边效应问题；另一方面，反垄断当局还应该审慎评估资产剥离所导致的合谋的风险。尤其是当资产接受者是现有的在位厂商时，更应该予以重视。如果资产剥离将导致合谋，反垄断当局应该直接驳回兼并申请。只有既能克服单边效应，又不会导致合谋效应的以资产剥离为条件的横向兼并案才应该获得批准。

第七章“结论与展望”。本章总结全文，并对未来的研究进行展望。

三、研究方法

从目前的文献来看，对横向兼并的反垄断研究方法主要有理论模型研究方法、案例研究方法、模拟仿真研究方法、计量实证研究方法以及定性的逻辑推理研究方法。无论是哪一种研究方法，都将发生横向兼并的行业视为一个封闭系统，在此前提下，研究横向兼并对系统内部的消费者、兼并厂商、外部厂商等利益团体的影响。本书以新古典经济理论中的古诺寡占竞争模型和 Bertrand 寡占竞争模型为基本研究方法，运用博弈论和委托代理理论对横向兼并的相关问题进行局部均衡分析。书中除了对横向兼并协调效应的分析采用了动态博弈的分析方法之外，其他均采用了比较静态研究的方法。此外，本书还运用了逻辑推理和图示的研究方法。

第四节 可能的创新与不足

一、可能的创新

第一，构建了成本对称和部分合谋情形下的同质产品古诺寡占模型，并分析了“胡萝卜加大棒”策略下横向兼并的协调效应。本模型得出有别于传统的基于对称模型的结论：如果横向兼并不能产生协同效应或不能给兼并厂商带来效率改进，无论是参与合谋的厂商还是边缘竞争厂商，都基本上不具备兼并的动机。它们只有在满足特定条件时才会有动力发起兼并，但这种兼并不利于默契合谋的维持，因为它提高了“胡萝卜加大棒”策略下维持联合利润最大化的默契合谋所必需的最小临界贴现值。

第二，通过对总福利标准与消费者剩余标准的深入讨论，指出了总福利标准存在忽略收入转移或收入再分配问题的重大缺陷，进而指出消费者剩余标准可以使横向兼并实现帕累托效率改进，是一个可行的合意横向兼并控制标准，从而厘清了两个标准之间的纷争。

第三，在一个信息不对称的市场中，如果兼并有利可图但却不能通过反垄断审查，兼并厂商总是具备行贿的动机。本书通过将信息引入到一个简单的三方委托代理模型后发现：当兼并厂商意识到政府监察部门存在信息核查预算成本时，它的最优行动是利用自身的信息优势来提供过量的信息和复杂的信息，以降低政府监察部门监管复查并查实存在贿赂行为的概率，使得一项效率改进达不到消费者剩余标准的横向兼并获得通过。因此，促使兼并厂商提高提交信息的质量成为解决反垄断审查中的寻租问题的关键。

第四，资产剥离作为一种横向兼并的结构性救济措施，在反垄断实践尤其是欧盟的反垄断实践中得以推广实行，但却缺乏系统的理论分析。本书借鉴 Perry 和 Porter（1985）成本函数构造的基本思路，构建了一个包含资产和技术在内的成本函数，并在古诺寡占模型下对资产剥离的相关问题进行了系统的理论分析，并得出如下对反垄断实践具有指导价值的结论：（1）在对称情形下，当边际成本满足一定条件时，即便是不进行资产剥离，横向兼并也可能不会引致价格上涨。只有当兼并将导致价格上涨的情形下，反垄断当局才可以要求兼并者剥离部分资产。（2）在兼并前厂商成本函数对称的情况下，任何向竞争对手大于零的资产剥离都是合意的，而向潜在进入者剥离资产却会导致价格上涨，除非兼并可以产生资产组合效应改变兼并后的新厂商的成本函数。当存在这种成本协同效应时，向潜在进入者剥离资产是反垄断当局所偏好的选择，因为这会导致比向竞争者剥离更优的市场结构，更有利于恢复竞争和保护消费者福利。（3）在不对称情形下，如果厂商间的技术相同，区别仅仅在于资产拥有量的不同，那么向潜在进入者剥离资产是不合意的，这将导致兼并后的价格高于兼并前的市场均衡价格。（4）如果厂商掌握的技术不同，那么，潜在进入者技术越先进，进而边际成本越低，潜在进入者越有可能赢得被剥离资产进入市场。当潜在进入者的技术最先进时，由潜在进入者获得兼并者的被剥离资产不仅有利于消费者，而且对潜在进入者和兼并者而言也是有利可图的。如果潜在进入者的技术落后于市场上的在位者，它就没有能力进入市场成为一个活跃的竞争者，此时，反垄断当局只能向在位者即兼并者的老竞争对手剥离资产。这些结论的一个直观而重要的推论就是资产剥离的有效性很大程度上取决于是否可以找到合适的受让人。

二、研究不足与展望

作为一个对横向兼并的反垄断问题的基础研究，本书还存在很多不足，主要体现为：（1）受制于资料和工具的约束，缺少横向兼并的案例分析和模拟实证研究；（2）没有针对中国现阶段横向兼并中的突出问题——国企横向兼并和外资企业对国内行业龙头企业的并购问题——进行相应的理论分析；（3）对横向兼并审查中信息问题的研究有待进一步深化；（4）没有考虑新经济中的横向兼并问题，这大大约束了本书结论的应用性。

针对上述不足，未来的研究重点将放在以下两个方面：（1）结合中国的实际情况，做一些实证与理论相结合的研究，为中国的反垄断实践提供一些可能的建议，重点研究反垄断审查中的委托代理问题和如何缩小兼并方与反垄断当局之间的信息不对称问题，降低反垄断当局出现第一类失误和第二类失误的概率；（2）追踪文献前沿，进一步研究新经济中的横向兼并问题。

第二章

市场势力与福利

长期以来，反垄断政策一直建立在市场势力有害的思维基础之上。然而，这种思维存在一个致命的缺陷——没有考虑市场势力的动态效率。因此，厘清市场势力与福利的关系对于反垄断分析是至关重要的。

第一节　市场势力的内涵

市场势力是反垄断经济学和反垄断政策中的基础性概念。作为一个技术问题，市场势力只是一个程度问题。

一、市场势力的定义

美国《横向兼并指南》（1992）将市场势力定义为“在长时间内将价格

维持在竞争价格之上的能力”。[①] 类似地，美国最高法院声称“市场势力只有在价格被提高到竞争性市场价格之上时才存在”。[②] 而主流的新古典经济理论对市场势力内涵的界定是指厂商具有控制自身产品价格的能力。在微观经济学教材中，对市场势力的定义是通过对作为价格接受者的厂商与具有一定定价权的厂商（即拥有一些市场势力的厂商）的区分来界定的。这种区分与厂商面临的需求曲线有关。以单一厂商销售单一产品为例：以 p 表示厂商所获得的产品销售价格，Q 表示厂商的产量，$Q(p)$ 表示厂商所感知到的自己所面对的需求曲线（需求是可微的且随着价格递减，即 $Q'(p) \leqslant 0$）。为论述方便，我们在这里运用反需求函数 $p(Q)$ 来表示厂商所面对的需求曲线。一个价格接受者厂商没有对价格的任何控制权：在该厂商相关的产出范围内，$p(Q) \equiv p$，厂商获得的产品销售价格与其产量 Q 无关。相反，一个拥有市场势力的厂商能够通过提高或减少其产出而抬高或降低其产品价格，因为在相关的产量范围内 $p'(Q) < 0$。也就是说，一个厂商是否具有市场势力取决于其面对的需求曲线是水平的还是向下倾斜的，只有当厂商面对一条向下倾斜的需求曲线时，我们才称其为是一个具有市场势力的厂商。[③]

由于厂商能够赢利的最低价格等于边际生产成本的价格，因此市场势力通常被定义为厂商所制定的价格与其边际生产成本之差。在标准的垄断定价理论中，厂商通过选择产品价格来实现利润最大化。令 $C(Q)$ 为厂商生产 Q 单位该商品的成本，则其利润函数可表示为：

$$\pi = PQ(p) - C(Q(p))$$

---

① U. S. Department of Justice and the Federal Trade Commission. *Horizontal Merger Guidelines*, Section 2.2.

② Jefferson Parish Hospital District No. 2 v. Hyde, 466 U. S. 2, 27 n. 46 (1984).

③ 尽管完全竞争市场在理论分析上非常有用，但大多数现实世界至少在某种程度上偏离了这种理想化市场。在实践中，几乎所有的厂商都具有一定程度的市场势力。造成这种现象的一个重要原因是边际成本往往低于平均成本，这对类似电脑软件、书籍、音乐和电影这些具有高固定成本且很少甚至没有产能约束的产品而言更是如此。在这种情况下，厂商要想长期生存，价格必须超过边际成本，以回收固定成本。尽管从理论上社会可以通过适当的补贴使得所有价格等于边际成本，但普遍认为这种规制行为是不可取的，始于 20 世纪 90 年代的放松规制的浪潮正是源于这样的思想。鉴于市场力量的普遍存在性，消除它完全是不可能的。事实上，一定程度市场力量的存在可能对社会是有益的。反垄断法和反垄断政策所关注的仅仅是不受约束的垄断厂商和拥有足够大市场势力的主导厂商。

于是这个问题变成解 $\max\limits_{p}[PQ(p) - C(Q(p))]$，对应的一阶条件 FOC 是：

$$p - c'(Q(p)) = -\frac{Q(p)}{Q'(p)}$$

或 $$\frac{P - MC}{P} = \frac{1}{\varepsilon} \qquad (2-1)$$

其中，MC 表示厂商的边际成本 c'，$\varepsilon \equiv -\frac{dQ}{dP}\frac{P}{Q}$ 表示厂商在价格 P 处的需求弹性。（2－1）式左边表示的是产品的边际成本加成率，又称勒纳指数（Lerner Index），这是衡量一个厂商市场势力的自然尺度：

$$L \equiv \frac{P - MC}{P}$$

当存在规模经济时，一定程度的市场势力是厂商弥补其成本的必要条件。例如，当厂商的成本函数为 $C(Q) = F + cQ$ 时，其利润函数可以表示为

$$\pi = PQ - cQ - F$$

根据利润非负条件 $\pi = PQ - cQ - F \geqslant 0$，可以得到 $L \geqslant F/PQ$。也就是说，勒纳指数必须至少要和固定成本在销售收入中的比重一样大。可见，存在市场势力本身并不违法，只有当厂商运用市场势力对竞争构成威胁时才会构成违法。①

由公式（2－1）可知，厂商市场势力取决于价格的需求弹性。那么，价格的需求弹性又取决于什么因素？它在反垄断分析中有什么作用？我们分别运用单一产品主导厂商定价模型和多厂商寡占模型来阐述这两个问题。

---

① 譬如，在美国，针对市场势力的调查通常会有一个门槛值。对一项横向兼并或涉嫌垄断化的行为是否违反了反垄断政策的指控，只有在被告的市场势力超过了门槛值并形成了足够强大的市场势力时才会做进一步深入的调查。否则，对被告的调查将终止。以横向兼并为例，根据美国《兼并指南》的规定，HHI 值是判定厂商市场势力的一个重要指标。在假定兼并后新厂商的市场份额与兼并前各厂商的市场份额之后相等的前提下，如果横向兼并后的 HHI 值低于 1000，该横向兼并应当获得批准；如果横向兼并后的 HHI 值位于 1000 与 1800 之间，那么，只要兼并导致的集中度上涨幅度小于 100 点，该横向兼并也应当获得批准；如果横向兼并后的 HHI 值高于 1800，那么，该兼并不至于被否决的前提是兼并导致的集中度上涨幅度小于 50 点。也就是说，如果横向兼并后的 HHI 值位于 1000 与 1800 之间且兼并导致的集中度上涨幅度大于 100 点，该或横向兼并后的 HHI 值高于 1800 且兼并导致的集中度上涨幅度大于 50 点，反垄断当局就视为有可能引发显著的竞争问题，该横向兼并就会受到反垄断当局的调查。

二、单一产品主导厂商定价模型中的市场势力

考虑一个主导厂商面对边缘竞争厂商的定价问题。在这样的环境中，所有的厂商生产一模一样的同质产品，没有厂商能够进行差别定价。主导厂商将根据竞争对手和消费者对其设定的价格的反应来决定产品价格，进而实现利润最大化。令 P 表示主导厂商设定的价格，$Y(P)$ 表示竞争性厂商的联合产量，$Z(P)$ 表示市场总需求，$Z(P)$ 满足 $Z'(P) \leqslant 0$，即市场总需求是价格的非增函数。如果 $Y'(P) \geqslant 0$，主导厂商将意识到竞争者对这个较高的价格反应是生产更多的产品。当主导厂商将价格定为 P 时，它能够销售的产量为 $Q(P) \equiv Z(P) - Y(P)$，也就是说，$Q(P)$ 是厂商在价格不低于 P 时能够卖出的最大数量。如果主导厂商想卖出更多的产品，它必须要降低价格。

如果我们将等式 $Q(P) \equiv Z(P) - Y(P)$ 两边同时对价格求一阶导数再乘以 $-P/Q$，将左边转换为需求弹性，则有：

$$-\frac{P}{Q}\frac{dQ}{dP} = -\frac{P}{Q}\frac{dZ}{dP} + \frac{P}{Q}\frac{dY}{dP} \tag{2-2}$$

对（2-2）式右边两项分别同时乘以和除以 Z 和 Y，可以得到：

$$-\frac{P}{Q}\frac{dQ}{dP} = -\frac{P}{Z}\frac{dZ}{dP}\frac{Z}{Q} + \frac{P}{Y}\frac{dY}{dP}\frac{Y}{Q} \tag{2-3}$$

令 $S = Q/Z$ 表示主导厂商的市场份额，则相应的竞争对手的市场份额为 $1 - S = Y/Z$。分别用 $1/S$ 和 $(1-S)/S$ 代替（2-3）式中右边的 Z/Q 和 Y/Q，可得：

$$-\frac{P}{Q}\frac{dQ}{dP} = -\frac{P}{Z}\frac{dZ}{dP}\frac{1}{S} + \frac{P}{Y}\frac{dY}{dP}\frac{(1-S)}{S} \tag{2-4}$$

令 $\varepsilon_R = \frac{P}{Y}\frac{dY}{dP}$ 表示竞争对手的供给弹性，$\varepsilon_D = -\frac{P}{Z}\frac{dZ}{dP}$ 表示市场需求弹性，$\varepsilon_F = -\frac{P}{Q}\frac{dQ}{dP}$ 表示主导厂商需求弹性，分别将 ε_R、ε_D 和 ε_F 代入（2-4）式左右两边，有：

$$\varepsilon_F = \frac{\varepsilon_D + (1-S)\varepsilon_R}{S} \tag{2-5}$$

根据公式（2－5），我们不难得出如下结论：给定市场需求函数和竞争对手是价格接受者的前提下，主导厂商需求弹性的绝对值由3个变量共同决定：（1）市场需求弹性；（2）竞争性对手的供给弹性；（3）厂商的市场份额。市场需求弹性和竞争对手供给弹性越大，主导厂商的市场份额越小，其需求弹性就越大①。

单一产品主导厂商定价模型的一个极端例子就是传统的垄断定价。由于没有竞争者，$S=1$，所以，主导厂商面对的需求弹性就是市场的需求弹性。当存在竞争者时，主导厂商的需求弹性大于市场的需求弹性。模型的另一个极端就是完全竞争市场。由于每一家厂商的市场份额接近于零，每一厂商的需求弹性变得无穷大，所以，厂商是价格接受者。

我们可以直接把公式（2－5）转换为利润最大化价格。正如公式（2－1）所显示的那样，利润最大化就是选择价格使得厂商的边际成本加成率 L 等于厂商需求弹性的倒数。如果没有竞争者，$S=1$，这个关系就简化为标准的垄断定价公式 $L=1/\varepsilon_D$。当厂商的市场份额很小时，ε_F 无穷大，所以 $L\approx 0$，即价格接近于边际成本。在这两个极端的中间，大的市场需求弹性 ε_D，大的竞争对手的供给弹性 ε_R，小的市场份额 S，都将导致价格领导者面对大的需求弹性，进而导致小的边际利润。

这个模型为我们分析导致厂商增加市场势力进而提高其产品价格的各种行为提供了指南。一般来讲，这种策略性行为将降低公式（2－5）右边的值，即通过降低替代品的吸引力引发竞争对手削减供给，从而提高厂商的市场份额。

三、多厂商模型中的市场势力

在单一产品主导厂商模型中，我们只考虑主导厂商对竞争对手的反应。

① 需要指出的是：主导厂商的市场份额是内生的，它依赖于其选择的价格。在任何给定的价格下，竞争对手供给曲线向外的移动将降低主导厂商的市场份额，这将提高主导厂商在任何给定价格下的需求弹性；当价格上涨时，主导厂商的市场份额越小，竞争对手拥有的市场份额就越大，进而在供给弹性 ε_R 给定的情况下，竞争对手对价格上涨的反应是生产越多的产量，这同样将提高主导厂商的需求弹性。

在多厂商模型中，我们将这一假定拓展到厂商间相互影响，考虑两个标准的静态非合作博弈模型：（1）同质产品的古诺寡占模型；（2）差异性产品的Bertrand 寡占模型。

（一）同质产品的古诺寡占模型

假定市场上有 N 家寡占厂商，每一个厂商 i 同时选择自己的产量 q_i，行业总产出为 $Q=\sum_{i=1}^{n}q_i$，厂商各自的成本函数为 $C_i=C_i(q_i)$，市场反需求函数为 $P=P(Q)$。给定其他厂商的产出水平，厂商 i 选择自己的产出来实现自身利润 $\pi_i=P(Q)q_i-C_i(q_i)$ 的最大化。利润最大化的一阶条件 FOC 为 $P(Q)+q_iP'(Q)-C_i'(q_i)=0$。令 $S_i=q_i/Q$ 表示厂商 i 的市场份额，ε_D 表示市场需求弹性，则上式可以重新改写为：

$$\frac{P-MC_i}{P}=\frac{S_i}{\varepsilon_D} \tag{2-6}$$

进一步，假定每一厂商 i 的边际成本 MC_i 恒定不变。将所有厂商的利润最大化一阶条件加总，可以得到：

$$NP(Q)+QP'(Q)=\sum_{i=1}^{n}MC_i \tag{2-7}$$

从公式（2-7）我们得知总产出和均衡价格仅仅依赖于各厂商边际成本的和，而公式（2-6）告诉我们：（1）低成本厂商拥有高的市场份额和大的市场势力；（2）同质产品的市场需求弹性越大，每一厂商拥有的市场势力就越小，边际利润就越低。

古诺模型同时还揭示出总产量低于有效产出，因为没有厂商愿意将产量扩大到价格等于边际成本的那一点。每一厂商都有一定程度的市场势力。在每一厂商拥有相同的不变边际成本 MC 的特殊情形下，每一厂商拥有 $1/N$ 的市场份额，根据模型，每一厂商相应的市场势力为 $\frac{P-MC}{P}=\frac{1}{N\varepsilon_D}$。在这种简化的情形中，厂商数量越多，竞争越激烈，价格越低。

在反垄断分析中，Cournot 模型一个非常有吸引力的性质就是它可以用来衡量带权重的产业边际成本加成率，$PCM\equiv\sum_{i=1}^{n}S_i\frac{P-MC_i}{P}$。运用公式（2-6），

我们可以得到

$$PCM \equiv \sum_{i=1}^{n} S_i \frac{S_i}{\varepsilon_D}$$

$$\text{或者 } PCM \equiv \frac{1}{\varepsilon_D}\sum_{i=1}^{n} S_i^{\ 2} = \frac{H}{\varepsilon_D} \tag{2-8}$$

公式（2－8）中的 $H \equiv \sum S_i^2$ 就是在反垄断分析尤其是横向兼并的反垄断分析中经常运用的反映市场集中度的 *HHI* 指数（Herfindahl－Hirschman Index）。

（二）差异性产品的 Bertrand 寡占模型

差异性产品的 Bertrand 寡占模型是反垄断分析中经常运用的另外一个重要静态模型。Bertrand 均衡是厂商同时选择价格时的纳什均衡解。

假设市场上有 N 种差异性产品在出售，每一个寡占厂商 i 的需求函数为 $q_i = D_i(P_1, \cdots, P_n)$，成本函数为 $C_i = C_i(q_i)$，则厂商 i 的利润函数为 $\pi_i = P_i q_i - C_i(q_i)$。Bertrand 均衡由 N 个方程 $\partial\pi_i/\partial P_i = 0$ 决定。将每一厂商的需求弹性 $\varepsilon_i = \frac{\partial q_i}{\partial P_i}\frac{P_i}{q_i}$ 代入利润最大化一阶条件，可以得到如下与古诺模型中一样的市场势力表达式：

$$\frac{P_i - MC_i}{P_i} = \frac{1}{\varepsilon_i}$$

由于 Bertrand 均衡解依赖于需求函数和各厂商的成本函数，求解过程一般很困难。但就一般情况而言，如果竞争对手提供的是近乎完全替代的产品，则厂商会面对高的需求弹性。因此，Bertrand 模型实际上指出：不同厂商提供的产品差异化越大，其市场势力越大。为了更好地理解这一点，我们举一个简单的特殊例子。

假设有两个厂商，每个厂商的边际成本固定不变，需求函数是线性的，

分别为 $q_1 = A - P_1 + dP_2$ 和 $q_2 = A - P_2 + dP_1$，d 表示分流率①，即在其他厂商价格不变的情况下，当一个厂商提高其产品价格后流失到其他厂商的销量比例。令厂商的边际成本分别为 MC_1 和 MC_2，并假定不存在固定成本。则有：

$$\pi_1 = (P_1 - MC_1)(A - P_1 + dP_2)$$

上式两边对 P_1 求导并令其等于零，我们就可以得到厂商 1 的最佳反应曲线

$$P_1 = (A + dP_2 + MC_1)/2$$

假定成本对称，$MC = MC_1 = MC_2$，在对称 Bertrand 均衡中一定有 $P_1 = P_2 = P_B$，从而有 $P_B = (A + MC)/2 - d$。

现在来比较 Bertrand 均衡价格与单一厂商控制两种产品时的价格。当成本对称且两种产品均由一家厂商控制时，其利润最大化时所索取的价格可以通过解方程 $\max\limits_{p} = (P - MC)(A - P + dP)$ 获得，此时厂商索取的垄断价格为 $P_M = \dfrac{A + MC(1 - d)}{2(1 - d)}$。垄断价格与 Bertrand 均衡价格之间的价差比为 $\dfrac{P_M - P_B}{P_B} = \dfrac{d}{2(1 - d)} \dfrac{P_B - MC}{P_B}$。这个表达式意味着当两种产品间缺乏替代性时，Bertrand 均衡价格将接近于垄断价格，换言之，分流率 d 将很低。这个公式在研究两家生产差异性产品厂商间横向兼并的价格效应时非常重要。

四、市场势力的测度方法

对市场势力的评估首先需要定义市场。市场定义的广狭以及是否合理将直接影响对厂商市场势力的评估结果。

---

① 更一般地，产品 i 向产品 j 的分流率可以定义为：$d_{ij} = -\dfrac{dq_j}{dp_i} \dfrac{dq_i}{dp_i}$。将这个公式转换为弹性公式可以得到 $d_{ij} = -\dfrac{\varepsilon_{ji}}{\varepsilon_{ii}} \dfrac{q_j}{q_i}$，其中，$\varepsilon_{ji} = \dfrac{dq_j}{dP_i} \dfrac{P_i}{q_j}$ 表示产品 j 对产品 i 的价格的需求交叉弹性，$\varepsilon_{ii} = \dfrac{dq_i}{dP_i} \dfrac{P_i}{q_i}$ 表示产品 i 的自需求弹性。分流率的概念最早是由 Shapiro（1996）提出的（参见 Shapiro, C. Mergers with differentiated products [J]. *Antitrust*, 1996, 10（2）：23－30）。

（一）反垄断分析中的市场定义

反垄断分析中对市场这个概念是从产品和地域两个维度来定义的，并将此称之为相关市场。简单地说，相关市场指的是彼此能够施加一定竞争约束力的产品或地域的集合。在反垄断实践中，美国和欧盟一般用SSNIP[①]检验来定义产品市场和地域市场。

1. 产品市场定义

在运用SSNIP检验来定义产品市场时，美国司法部采用的是5%的标准，而欧盟委员会和英国则采用的是5%～10%的标准。以美国为例，如果某种产品A的价格在现在的基础上提高5%是有利可图的，那么，产品A就是一个单独的市场，因为没有其他产品对其施加重大的竞争约束，提价不会导致需求损失。反之，如果产品A的价格提高5%之后，很大一部分需求转移到替代品B，还有一部分需求转移到替代品C、D……，致使产品A涨价无利可图，则产品A就不能被定义为单独的市场，此时需要扩大产品检验范围，考察产品A和产品B同时涨价5%是否有利可图。如果，产品A和产品B同时涨价5%有利可图，则产品A和产品B就是相关市场。否则，重复上述检验程序，进一步扩大检验范围，一直持续到发现单独市场为止。需要指出的是，以SSNIP定义产品市场还需考虑供给替代性和进入条件。

2. 地域市场定义

与定义产品市场一样，SSNIP检验还可以用来定义一个地理市场，只不过检验对象由产品A、产品B……变为地域A、地域B……。对地域市场的定义还应考虑到与进口和运输成本相关的信息以便估计市场弹性和相关性检验，因为对贸易流的分析可以提供不同区域竞争者之间相互施加约束性方面的有用信息，从而可以帮助确定相关地理市场的范围。一个可行的方法是Elzinga

---

① SSNIP是small but significant and non－transitory increase in price的缩写，意为价格显著、持续的微量上涨。

和 Hogarty（1973）提出的运输费用检验[①]。检验的标准包括两部分：一部分是衡量进口情况的 LIFO 检验（Little In From Outside Test），一部分是衡量出口情况的 LOFI 检验（Little Out From Inside Test）。两个检验都要求设定一个阈值，阈值的范围一般被设定在 0.7 与 0.9 之间。如果被检验市场的 LIFO 指标值和/或 LOFI 指标值低于设定的阈值，就不能构成一个独立的地理市场。例如，Bishop 和 Walker（1999）认为：如果一种产品的产量减去出口占消费的比例达到 90% 以上，说明进口品只占当地消费的一小部分，需求主要由本地产品满足，可以通过 LIFO 检验；如果产量减去出口占产量的比例低于 90%，说明本地产品有较大一部分出口了，不能通过 LOFI 检验。只有两部分检验都通过，才能说明该地域与其他地域之间只有很少的贸易流，该区域才可以被定义为相关地域市场。

（二）市场势力的测度方法

衡量厂商市场势力的一个常见的理论指标便是勒纳指数，但由于反垄断当局难以获得厂商真实的成本数据，直接运用勒纳指数来衡量厂商的市场势力存在较大难度。在实践中，一般采用直接法和间接法两种方法来评估厂商的市场势力，而这两种方法实质上均来自于对勒纳指数的分解。

1. 间接评估法

间接评估法是反垄断实践中经常采用的传统方法。该方法通过市场调查来确定厂商的市场份额，并以此作为对市场势力的评价依据。其理论根据在于：在其他条件相同的情况下，厂商的市场份额越高，说明其竞争对手对厂商制定高价的约束能力越低，厂商的市场势力越高。以同质产品的古诺模型为例，公式（2-6）和（2-8）分别给出了以市场份额衡量的厂商和行业的勒纳指数。实践中，各国的反垄断当局普遍把衡量行业市场势力的 HHI 指数作为分析横向兼并的重要工具。但值得注意的是，如果仅仅以厂商的市场份

---

① 该方法已经被运用到欧洲竞争政策。例如，在 Nesle/Perrier（1992）一案中，欧盟委员会运用该方法裁定的相关地域市场是法国，而在 Mannesmann/Vallourec/Ilva（1994）一案中当事人认定的地域市场则比西欧还大。

额来衡量行业的市场势力，而忽略其他因素，有可能会作出错误的判断。例如一个只有三个厂商的行业，其行业 HHI 指数为 0.4，现在其中两个厂商通过横向兼并成为一个独立运营的厂商，市场变为双寡头形态。对比考虑两种不同的情形：古诺模型和斯坦伯格模型。在一个对称的双寡头古诺行业，每个厂商的市场份额为 1/2，但产量仅为完全竞争情形下的 1/3，所以 HHI 指数为 0.5。而在斯坦伯格模型下，占领先地位的厂商提供的产量为完全竞争情形下的 1/2，而另一个竞争对手的产量则为完全竞争情形下的 1/4，从而两厂商的市场份额分别为 2/3 和 1/3，相应的 HHI 指数为 0.5555，高于古诺对称模型下的 HHI 指数。然而，由于斯坦伯格模型下行业的产量大于古诺对称模型下的行业产量，所以市场价格更低。可见，仅仅以 HHI 指数来衡量行业的市场势力有可能会出现偏差。

2. 直接评估法

最新的计量经济学的发展为直接评估厂商市场势力和横向兼并效应提供了两种方法。一种是 Baker 和 Bersnahan（1985，1988）提出的剩余需求弹性法，一种是 McFadden（1973）构建的 logit 模型。其中后一种方法在近些年的横向兼并研究中被广泛运用于横向兼并效应的模拟分析。①

第二节 市场势力的社会成本：静态福利损失

当厂商的市场势力足够大时，厂商可以将价格持续维持在高于竞争价格的水平，这将损害消费者福利进而造成社会福利损失，这种福利损失被称之为“配置无效率”并在市场势力等于垄断力量这种极端情形下达到最高水平。

① 因本书没有涉及这两种方法，故在此不做介绍。有关这两种方法的简要介绍参见马西莫·莫塔著：《竞争政策——理论与实践》，上海财经大学出版社 2006 年版，第 3 章。

这就是为什么要反垄断的基本缘由——垄断（市场势力）导致静态福利损失。不仅如此，由于市场势力可以使厂商获取比竞争更高的利润，这将激励厂商为夺取或维持其市场势力而从事非生产性活动——寻租，进一步扩大市场势力导致的福利损失。此外，由于竞争的缺乏，垄断厂商（更一般地是具有较强市场势力的厂商）内部将产生“X—非效率”，进一步增加了市场势力导致的福利损失。上述三种福利损失共同构成了市场势力的社会成本。

一、配置无效率——“哈伯格三角形”

众所周知，垄断的配置无效率源于厂商运用市场势力的定价行为。为了更好地说明这种定价行为所导致的资源配置的扭曲，在这里假定：（1）厂商的生产技术给定或产品给定；（2）消费者对厂商所提供的产品的种类和质量是已知的，不存在有关产品的信息不对称问题；（3）垄断厂商面对的是线性市场需求并采用了最先进的生产技术，该技术具有规模报酬不变的性质①；（4）在垄断的条件下，市场中只有一家企业，该企业的产品没有替代品且进入壁垒很高以至于新厂商不可能进入。因此，垄断厂商就是市场，它在进行价格决策时不必考虑其他竞争者和潜在进入者的反应，对价格具有完全的控制力。基于上述四个假定，我们用图解法来说明生产单一产品的垄断厂商的定价是如何导致资源配置扭曲的。

由社会福利的定义可知，在一个给定的产（行）业中，社会福利即社会总剩余是由消费者剩余加上生产者剩余构成。其中，消费者剩余指的是消费者对某种数量既定的商品的实际支付价格和他本来愿意支付的价格之间的差额，而生产者剩余则指的是厂商愿意出售其产品的价格和它们实际收到的价格之间的差额，即销售特定产品所获得的利润。在完全竞争市场，当市场达到均衡状态时，市场价格等于厂商生产的边际成本，此时，消费者剩余和生产者剩余进而社会福利都达到了最大化，资源配置实现帕累托最优。以完全

① （1）事实上，垄断厂商未必总是采用最先进的技术。具体分析见 2.2.3 有关垄断生产效率的分析。（2）当厂商的技术是规模报酬递增时，由单个厂商生产更为有效。最典型的例子是自然垄断，而自然垄断属于规制理论的范畴，我们不考虑这种情况。

竞争市场为基准，我们将发现垄断市场不能实现资源配置的帕累托最优，因为垄断厂商利用其市场势力将价格提高到边际成本之上所增加的生产者剩余（利润）不足以抵消因定价太高所导致的消费者剩余减少。

如图 2－1 所示，市场的需求曲线为 DD'，厂商的长期边际成本为 C。在基准情形即完全竞争市场上，均衡状态下的市场价格为 $p_c = c$，均衡产量为 q_c。由于在完全竞争情形下，生产者剩余或利润为零，故社会福利由消费者剩余确定。在图 2－1 中，消费者剩余为三角形 DFP_c 的面积。在市场势力最大即垄断的极端情形下，市场需求曲线即为垄断厂商所面对的需求曲线。由于垄断厂商具有完全的价格控制能力，它将根据边际利润等于边际成本定价的原则制定独家垄断价格 p_m。此时，相应的均衡产出为 q_m，生产者剩余为厂商的利润，即销售收入减去生产成本的差额，在图 2－1 中体现为四边形 P_mBEP_c 的面积，而消费者剩余则为三角形 DBP_m 的面积。社会总福利为 D、B、E 和 p_c 四个点所围成的面积。与完全竞争条件下的社会福利即三角形 DFP_c 的面积相比，垄断导致社会福利减少，减少额为三角形 BFE 即“哈伯格三角形”的面积①，又称为“无谓损失”。

同时，从图 2－1 不难看出，福利损失绝不是仅仅在垄断条件下才会发生，只要厂商能够制定并维持任何高于边际成本 C 的价格都会导致福利损失。譬如，在图 2－1 中，当厂商利用其市场势力将价格定在竞争价格和垄断价格

① 垄断的社会福利损失即“哈伯格三角形”最早是由哈伯格利用消费者剩余和生产者剩余这两个概念提出来的。1954 年，哈伯格（Harberger）教授在假定边际成本不变、需求的价格弹性在所有的行业都为 －1 的条件下，估算出 1924—1928 年间美国制造业各部门因垄断造成的年福利损失为 5900 万美元，仅占国民收入的 0.1%。但这一分析结果遭到了众多经济学家的质疑和批评，认为哈伯格低估了垄断导致的社会福利损失。其中，斯蒂格勒（Stigler，1956）指出：（1）如果边际成本为零，理性的垄断者只会在弹性等于 －1 的范围进行生产；（2）由于垄断者上报的利润没有对诸如专利权使用费等特定资源的经济地租作出估价，再加之垄断厂商通常不将信誉等无形资产视为其资产，导致其低估了报告利润。后来的研究采纳了斯蒂格勒的反对意见，他们推算出的垄断所导致的社会福利损失要远高于哈伯格的估计。例如，卡默申（Kamerschen，1966）估计 1956—1961 年间由垄断所导致的年社会福利损失大约为国民收入的 6%；Cowling 和 Mueller（1978）计算出的 1963—1966 年间美国 734 个大厂商所造成的年社会福利损失为 150 亿美元，相当于这些厂商总产值的 13%。尽管经济学家对于垄断造成的福利损失的大小持不同意见，但这仅仅是个技术问题，哈伯格的基本方法还是得到了广为认可。然而，需要指出的是，即使这些数字是对福利三角形或净损失的准确估计，它们也还是没有考虑到资源被用于获得、维持和增强这些垄断地位时所导致的垄断租金耗费的福利损失，即下面即将谈到的“塔洛克四边形”。

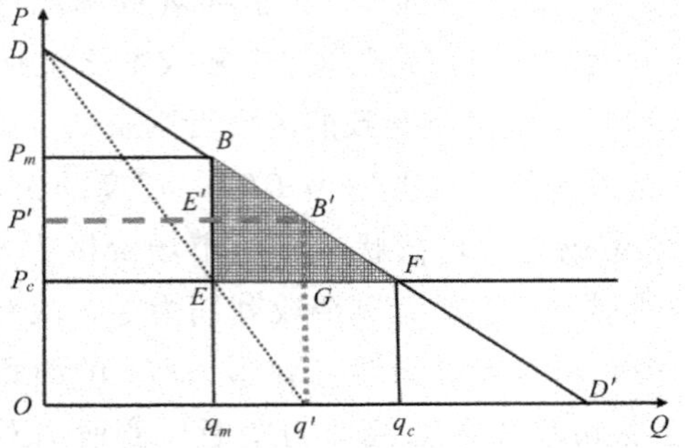

图 2-1　垄断（市场势力）导致的静态福利损失

之间的 P' 时，将导致三角形 $B'FG$ 面积大小的社会福利损失。① 显然，社会福利随着厂商市场势力的增加而减少，即厂商制定高价的能力越强或价格 P 越高，市场势力导致的福利损失也就越大，也就是说随着图 2-1 中的 P' 逐渐接近于 P_m，福利损失的面积将由 $B'FG$ 逐渐增大到 BFE。

值得指出的是，社会福利损失大小还与市场需求弹性和市场规模有关。②（1）社会福利损失与市场需求弹性成反比。换言之，如果市场需求弹性越大，即图 2-1 中的需求曲线 DD' 越平坦，市场势力导致的社会福利损失越小。当市场需求足够大以至于需求曲线 DD' 呈水平状时，由于任何价格的轻微上涨都将导致消费者退出购买序列，厂商就不能制定任何高于边际成本的价格，在这种情况下，不存在社会福利净损失。反之，如果市场需求弹性越小，即需求曲线 DD' 越陡峭，厂商抬高价格的能力和社会福利净损失都会增长，并在垄断时同时达到最大值。（2）社会福利损失与市场规模成正比。市场规模越大，市场势力导致的社会福利损失就越大。在图 2-1 中，如果以需求曲线的截距 OD' 表示市场规模，那么在保持需求曲线 DD' 的斜率不变但截距变小时，即如果需求曲线 DD' 平行移向原点，由市场势力所导致的社会福利损失就会变小。

① 在线性需求的条件下，具有市场势力的厂商面对的需求曲线将是向右下方倾斜的曲线而非水平的曲线。故而，图 2-1 同样可以用来分析具有市场势力但非垄断情形下的配置效率。

② 本章第一节已经给出了相应的数理推导。

二、寻租成本——“塔洛克四边形”

早在 1776 年，亚当·斯密就已经洞察到垄断利润的诱惑将吸引相关行为主体将资源投入到攫取这些利润的活动上，因此，仅仅从配置效率来考察垄断（市场势力）的福利损失是不够的。由于垄断能够使厂商获得比竞争利润高的回报，当允许垄断存在时，厂商有足够的动力将部分本该用于具有更高生产率用途的资源投入到不产生社会价值而是旨在获取、维持和增强自己垄断势力的活动上，从而扩大了垄断所造成的社会福利损失。

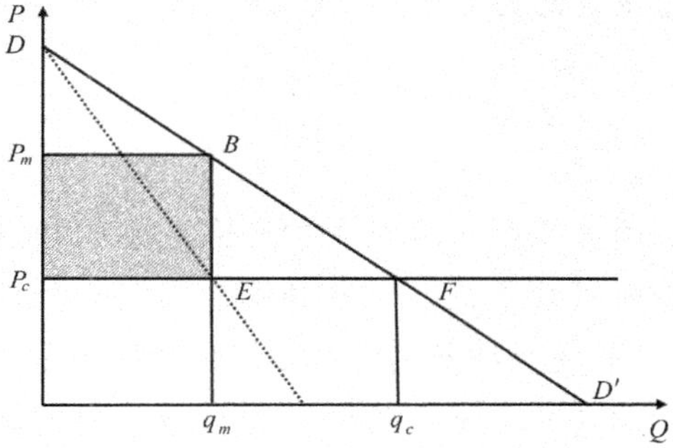

图 2－2　寻租活动可能导致的福利损失

如图 2－2 所示，虽然从表面上看垄断厂商似乎可以获取“塔洛克四边形”BEP_cP_m 面积的垄断利润或垄断租金，但由于对垄断租金的追逐本身就是一种消耗资源的活动，垄断厂商实际获得的垄断利润要小于 BEP_cP_m。这个论点源于塔洛克 1967 年开创性的研究：在垄断利润的驱使下，垄断厂商一定会将大量的资源浪费在不会产生社会价值的、旨在获取或维持独家垄断势力的活动上，并将该活动持续到收益等于成本时为止。这个过程其实就是 Krueger (1974)[①] 所说的“寻租”，即无论是私人独家垄断还是公共规制造成的独家垄断都会产生租金，相关行为主体会通过游说、提供竞选捐款、贿赂政府官

① Krueger, A. Q. The Political Economy of the Rent－seeking Societ [J]. *American Economic Review*, 1974, 64 (3): 291－303.

员、组成压力集团或借助于其他这种性质的活动来影响并使政府当局授予其特权，将租金据为己有。对于寻租活动所引发的社会成本或福利损失，Posner (1975)① 认为应该相当于厂商所能获得的独家垄断利润②，即图 2－2 中矩形 BEP_cP_m 的面积。这是因为获得垄断权力本身也是一种竞争性行为，相关行为主体之间的竞争会导致寻租活动的支出总额等于预期垄断利润，从而造成租金浪费殆尽。③

我们可以用一个简单的例子来说明这一点。假设有 n 个相同的厂商参与争夺一个有利可图的垄断市场，譬如获得影像制品的独家进口权。该市场的期望垄断利润为 π^m，在对称的情况下，每个厂商都知道自己能够获得垄断利润的概率为 $1/n$ 并愿意为此努力支付 z 的资源。在均衡状态下，n 和 z 满足下面的等式：

$$\frac{1}{n}\pi^m - z = 0$$

上式表明，参与争夺垄断市场竞争的厂商的预期利润恰好与其愿意为之付出的代价相等，或者等价地说，垄断利润与为竞争垄断市场所花费的总成本相等，即 $\pi^m = nz$。这正是波斯纳的垄断租金耗散殆尽的结论。

综上所述，仅仅用"哈伯格三角形"来衡量垄断的静态福利损失大大低估了垄断的负面影响，对垄断的福利损失的正确计算，应当在"哈伯格三角形"的基础上再加上部分乃至全部的"塔洛克四边形"。

---

① Posner, R. A. The Social Cost of Monopoly and Regulation [J]. *Journal of Political Economy*, 1975, 83: 807－827.

② 事实上，寻租的社会成本可能会远大于 BEP_cP_m 面积。因为，在长期，厂商的寻租活动将持续到其经过适当贴现后的边际收益的现值等于边际成本时为止，而 BEP_cP_m 仅仅是单期的垄断租金。

③ Posner (1975) 的这个结论是建立在以下三个关键假设条件之上的：(1) 从事寻租活动的相关行为主体之间存在完全竞争；(2) 寻租"技术"规模报酬不变；(3) 为获得独家垄断地位而发生的成本不会产生具有社会价值的副产品。但这三个假设条件的可靠性却值得怀疑。譬如，某些行为主体很可能优于其他行为主体，并且在寻租活动中非常"有效率"，这就意味着所浪费的租金可能小于垄断利润。

三、生产无效率

由上面的分析可知，在生产技术既定的情况下，一定的市场势力会赋予厂商制定高价的能力，进而导致配置无效率的福利损失或所谓的无谓损失。当市场势力达到垄断力量时，资源配置效率最低，福利损失最大。但是，如果厂商采用的技术相对于在完全竞争环境下选择的技术而言是低效率的，就会产生成本损失，出现生产无效率①，而且这种无效率所导致的福利损失往往大于资源配置无效率所引致的福利损失。

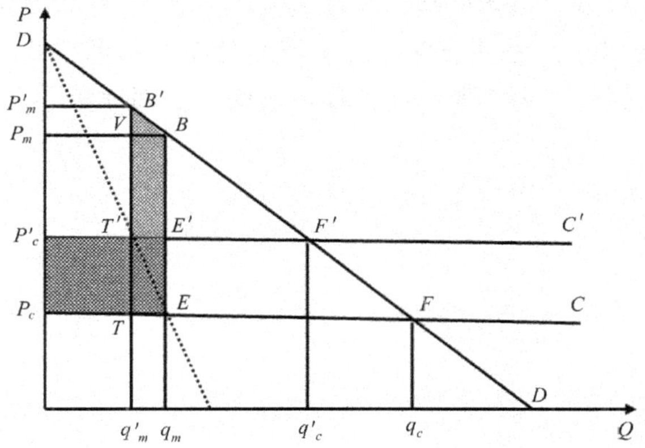

图 2－3 生产无效率追加的损失

假设厂商在竞争性环境下选择的某种技术所对应的边际成本为 C，而在垄断环境下却选择了一种效率相对较低的技术，其对应的边际成本 C' 满足 $C' > C$。我们用图 2－3 来对这种情形进行图示。在完全竞争的均衡状态下，厂商以边际成本 C 来生产，社会福利由三角形 DFP_c 的面积表示，这与图 2－1 中的情形没有任何区别。但是，在垄断情形下，垄断厂商以边际成本 C' 来生产，社会福利由四边形 $DB'T'P_c'$ 的面积表示。对比图 2－1 和图 2－3，就可以发

① 这主要源于许多厂商内部存在低效的资源配置法则或低效的管理人员和雇员这一直觉。任何保持低效率资源配置的厂商都处于次优均衡。

现，由于垄断厂商选择了效率相对较低的技术，导致其以高于竞争环境下的成本来生产运营，进而造成的福利损失要比仅仅考虑配置无效率的“哈伯格三角形”要大的多。在图2-3中，阴影部分的面积就是由生产无效率所追加的福利损失，即四边形 $B'BE'T'$ 和 $P_c'E'EP_c$ 的面积。

但垄断厂商为什么会选择低效率的技术呢？一个重要的原因就是由于“X—非效率（X-inefficiency）”的存在。Leibenstein（1966）[①] 指出，处在竞争市场上的厂商在竞争压力下会努力寻求效率最高的方式来组织生产并降低成本，而在垄断条件下，由于厂商没有任何竞争压力以及所有者与管理者之间合约的不完备，负责技术选择的管理层的努力程度会降低，缺乏追求最优技术的动力，其行为会偏离厂商利润最大化的目标[②]，导致管理无效率。根据莫塔（2006）的观点，另一个重要的原因就是在垄断的情形下，市场失去了选择功能，导致无效率的厂商也能像高效率的厂商那样生存下来。[③]

① Leibenstein, H. Allocative Efficiency vs. X-Efficiency [J]. *American Economic Review*. 1966, 56: 392-415.

② 在委托—代理框架下，厂商的管理层在追求利润最大化的同时还会追逐其他目标，如薪金、职业生涯前途、社会地位、工作时间等。有时其他目标对管理层的重要性甚至会超过利润最大化目标。结果，当管理层就采用哪种技术进行决策或必须采取会影响厂商成本的行动时，可能缺乏足够的激励力去采用能够使厂商利润最大化的最优技术。这种观点虽然没有直接的实证予以支持，但间接的实证研究却从反面有效地支持了这一论点。Nickell（1966）通过对1972—1986年间大约700个英国制造商的面板数据的分析发现：市场份额即市场势力越大，厂商的生产率水平就越低。此外，以竞争厂商人数或租金水平的变动来表示的竞争越激烈，全要素生产率增幅就越大。Nickell、Nicolitsas和Dryden（1997）采用与Nickell（1996）相似的数据和分析方法，证实了产品市场竞争能改善厂商的生产率表现。不过，也有学者对此持反对意见。如斯蒂格勒和马丁。具体的分析参见：斯蒂芬·马丁著：《高级产业经济学》，上海财经大学出版社2003年版，第380—386页。

③ 马西莫·莫塔著：《竞争政策——理论与实践》，上海财经大学出版社2006年版，第38—51页。

第三节 市场势力的动态效率

从静态的角度考察了市场势力与经济福利之间的关系，市场势力不仅赋予了厂商制定高价的能力，导致资源配置无效率，而且由于“X—非效率”等因素的存在，垄断厂商不会采用效率最高的技术，导致生产的无效率，即市场势力与经济福利之间存在着一种确定的反向关系。但倘若从动态的角度来考察市场势力与经济福利之间的关系，我们就不能够得出这样的结论。

所谓的动态效率指的是厂商创新的程度，譬如引入新产品或生产流程的程度。不同的学者对垄断与创新之间的关系持不同的观点。以熊彼特为代表的一派认为垄断有利于创新，是创新的前提。按照这一观点，需要权衡静态的垄断福利损失与动态的技术进步导致的福利增长；而以阿罗、莫塔等为代表的另一派则对此提出质疑，认为垄断抑制了创新。

到目前为止，这场争论仍没有最终的结论。一个折衷的理论认为：最有利于研发的市场形态可能是一种存在足够大市场势力的“中间环境”（Scherer and Ross，1990）[①]。非常高的市场势力尤其是独家垄断这种特殊的形态可能会导致动态无效率——垄断厂商很少进行创新或有意延缓创新的进程。这是由于它能够规避竞争，因而缺乏对研发进行大量投资和采用具有最高效率技术的动力。然而，市场势力本身并不必然有害。事实上，对获得一定市场势力和利润的期望是厂商投资和创新的主要动机。如果厂商没有能力将投资——无论是广告费、增加产能和研发支出还是其他支出——成果据为己有，那么他们根本就不会投资，消费者也享受不到价廉物美的商品和各种各样的新产品。

① Scherer, F. M. and Ross, D. *Industrial Market Structure and Economic Performance* [M]. Boston: Houghton Mifflin, 1990: 867 - 904.

一、“熊彼特假说”

就创新动机而言，究竟是竞争导致厂商具有研发和技术创新的动力还是市场势力导致厂商具有创新的积极性一直是西方经济学家争论的一个焦点问题。大部分主流经济学家坚持认为垄断不利于创新，会延缓技术创新进程，只有竞争才能带来技术进步，更好地促进技术创新。譬如，德姆塞茨(1969)[①] 认为“竞争可以产生更多的研究和创新活动”。而另一部分经济学家则反对竞争是技术创新的主要动力来源，认为垄断才是促进技术创新的根本动力。熊彼特（1979）在其代表作《资本主义、社会主义和民主》中批判了竞争有利于创新的观点。他认为完全竞争无论是在生产效率上还是在技术效率上都是劣于垄断的，没有资格被作为理想效率的典范或基准。“很难设想完全竞争一开始就会采用新生产方法和新商品，这就是说，我们所称为经济进步的东西，大部分和完全竞争是不相容的。”[②]

熊彼特认为，推动经济发展的关键是创新竞争，而创新的资源来自于垄断厂商，垄断是创新的一个必要前提。没有垄断利润，厂商就不会有投资于创新活动的动力。[③]“在迥然不同于教科书所描绘的资本主义现实中，有价值的不是那种类型的竞争，而是新商品、新技术、新供给来源、新组织类型的竞争……这种竞争是拥有决定性的成本或质量优势的竞争，它打击的不是现有企业的利润和产量边际，而是它们的基础和它们的生命。”“开发新产品所需要的资源只能从垄断厂商的超额利润中来。按照这一观点，一个垄断资本家对于一个完全的竞争者来说有一系列优势，更易于开发和采用创新。”[④] 人们把熊彼特的这种观点称之为“熊彼特假说”。概括起来就是：（1）大厂商

---

① Demestz, H. Information and Efficiency: Another Viewpoint [J]. *Journal of law and economics*, 1969, 12 (1): 1-12.

② 熊彼特：《资本主义、社会主义与民主》，商务印书馆 1979 年版，第 106—133 页。

③ 在熊彼特看来，毁灭性的创新（destructive innovation）过程虽然可以使创新主体获得短期的垄断地位，不利于经济的发展，却又使任何厂商无法长期保持这种垄断地位。正是这种短期垄断地位和垄断利润激励着厂商的创新，或者等价地说，创新必然是以厂商获得短期垄断地位为代价的。倘若没有这种短期垄断利润的诱惑，很难想象会出现什么大的创新。

④ 熊彼特：《资本主义、社会主义与民主》，商务印书馆 1979 年版，第 106—133 页。

具有承担创新风险的能力和负担创新成本的资金实力，是创新活动的主体。这是因为只有具有资金优势的大厂商才有财力负担高额的研究与开发费用，也只有大厂商才可以利用其业务范围广的特征，通过大范围的研发来分散研发失败的风险。（2）垄断利润不仅是创新激励的重要源泉，同时也是创新资金的主要来源。前者被称为“熊彼特假设Ⅰ”，后者被称为“熊彼特假设Ⅱ”。

“熊彼特假说”实际上揭示出了一个重要的理论命题：市场结构、企业规模与技术创新之间存在什么样的关系？企业规模是否与技术创新效率成正比？市场势力是否是保证技术创新动力所必需的？在熊彼特理论的影响下，大量的经济学家从理论和实证两个层面对市场结构、企业规模与技术的关系进行了研究，试图论证和检验“熊彼特假说”的合理性。

支持熊彼特的理论观点主要包括：（1）在资本市场不完善的情况下，只有能获得垄断利润的大厂商才具有资本优势，具有进行大规模技术创新投资的积极性。（2）只有大厂商才具备较强的抵御风险和化解风险的能力，因为大厂商一般经营范围广，它可以凭借自身的技术和资金实力，将研发经费同时投向多个不同的技术创新项目来分散风险。只要有一个项目获得成功，往往就足以收回全部的研发投资。（3）大厂商具有实现技术开发规模经济的条件。一方面，大厂商在实验室、实验设备和创新人才等方面都具有相当大的规模，可以充分利用创新设备和人才的不可分性，使技术研究开发的规模经济和范围经济成为可能。另一方面，大厂商在技术成果的推广应用上也具有明显的规模经济。（4）厂商的市场势力越强，越有条件获取技术创新所带来的超额利润，从而具有更强的技术创新动力。上述这些理论观点得到了一些实证研究的支持。[①]

二、对“熊彼特假说”的质疑

最先对“熊彼特假说”提出质疑的是阿罗。阿罗（Arrow，1962）[②] 认为，由于垄断厂商已经有很高的超额利润，它们没有太多的兴趣去承担高风险的创新活动。反之，任何新技术或新产品的引入都将降低其现有技术或产品的价值。为了维护其现有产品的价值，垄断厂商总是会以低于社会最优的速度来引入新技术或推广新产品。也就是说，垄断厂商的主要目标是维持其垄断地位进而获取垄断利润，它们并不在意自己能否创新或完成新的发明。按照这样的逻辑，垄断厂商要么先进行创新，创新成功后先申请专利保护，然后将专利先封存起来；要么以比潜在竞争对手更高的价格购买别人已经发

---

① 一部分实证研究结论表明，大厂商及适度集中的市场结构与研发和技术进步之间存在着正相关关系，这与熊彼特的理论基本吻合。菲利普斯（1956）发现：在 1889 - 1939 年间的美国 28 个产业中，高度集中行业的厂商有更多的技术创新。这一结论得到了卡特和威廉姆森（1957）的证实，他们对英国 1907—1948 年 12 个产业的统计调查得出了同样的结论。（详见王俊豪著：《现代产业组织理论与政策》，中国经济出版社 2000 年版，第 129 页）。经合组织（OECD）的一项调查同样也证实了这个结论：在 OECD 范围内，全部工业 R&D 的 2/3 左右是由那些雇员超过 1 万人的大厂商完成的。通用汽车公司和福特汽车公司每年的 R&D 投资大致相当于意大利全部工业 R&D 的投资，IBM 公司每年的 R&D 投资与加拿大、荷兰、瑞士或瑞典的全部 R&D 支出大体相当。在西方发达国家的 R&D 经费构成中，大厂商通常占相当大的比例。例如，在美、英、德、日本等国家，5000 人以上的大厂商的 R&D 投资占该国 R&D 投资总量的 62%—90%。以西门子公司为例，20 世纪 80 年代后期，该公司每年的 R&D 经费高达 20 亿马克，约占德国工业全部 R&D 经费的 10%。高 R&D 投入相应的收获了高的创新回报，仅 1974 年实现的发明和创新就有 2000 多项。资料还显示：（1）西门子公司电气技术方面的专利约占德国电气技术专利总量的 1/4；（2）西门子公司所售产品的 40% 来自于近 5 年新发展起来的最新技术（详见傅家骥主编：《技术创新》，企业管理出版社 1992 年版，第 129 页）。更近一点的研究参阅 Gayle（2001）和 Nielsen（2003）。前者利用美国 1965—1995 年间 4800 家美国制造企业的数据证明了市场集中与创新之间存在显著的正相关关系，而后者则利用丹麦 1996—1998 年间的制造业数据证实行业集中与专利及 R&D 投入之间存在正相关关系（分别参见 Gayle，Philip G. Market Concentration and Innovation：New Empirical Evidence on the Schumpeterian Hypothesis. Working paper，Kansas State University，2001. Available at：http：//www - personal. ksu. edu/gaylep/jpe. pdf；Nielsen，A. O. Patenting，R&D and Market Structure：Manufacturing Firms in Denmark［J］. *Technological Forecasting and Social Change*，2001，66（1）：47 - 58）。

② Arrow，K. J. Economic Welfare and the Allocation of Resources for Invention. in：*The Rate and Direction of Inventive Activity*［M］，New York：Princeton University Press，1962：1022 - 1044.

明的专利，然后将其先搁置起来。无论结果是那种情况，都是以维持其垄断力量为目的，缺乏效率。阿罗的观点得到了莫塔（2006）的支持。莫塔认为，垄断厂商有可能动态无效率，因为它几乎没有动机采用新技术。其内在的逻辑与阿罗的基本一致：垄断厂商具有较小的创新动机是因为它考虑的是新技术能够带来的追加利润，而竞争厂商则关注新技术能够带来的全部利润。他们的理论观点也得到了一些实证研究的支持。Rosneberg（1976）对福布斯500强中前100家厂商研究后发现，在厂商的研发经费依赖于行业集中度的情况下，厂商的研发支出受市场份额的影响。一个拥有较大市场份额的厂商从事研发项目的动力要小于市场份额较小的厂商，原因是它的市场份额已经很大了。Grbawoski和Bxater（1973）通过对八个处于行业领先地位的美国化工厂商的长期研发情况的研究证实了这个假设。他们发现有明显的证据表明厂商对相近竞争对手提高研发经费的反应滞后时间大约为1年。①

上述观点和实证研究说明，虽然有一部分文献支持生产和市场的集中与技术创新之间存在正相关关系，但这仅是一家之言，并不能说明集中程度越高，创新活动就一定越多。Vossen（1999）② 通过对荷兰1988年1292家和1992年648家制造业厂商数据的分析表明，市场集中对同一产业中的大厂商和小厂商的研发支出的影响没有显著差异，换言之，集中并不会促使大厂商加大研发投入，集中度和垄断程度的提高也可能会影响厂商技术创新的动力。反过来，存在大量厂商的竞争性市场结构会产生较强的竞争压力，促使每个厂商进行技术创新以获取竞争优势。也就是说，集中度本身并不能单独作为解释R&D差异的变量，集中也有可能是成功的R&D活动导致市场份额扩大的结果。因此，以Scherer为代表的一些学者认为，集中与创新之间并不存在一个确定的关系，而是存在一个最佳的集中度区域，在达到这一区域之前，创新活动随集中度的上升而增加，超过这个区域之后，创新活动随集中度的

① 转引自多纳德·海、德理克·莫瑞斯：《产业经济学与组织》，经济科学出版社2001年版，第853页。

② Vossen, R. W. Market Power, Industrial Concentration and Innovative Activity [J]. *Review of Industrial Organization*, 1999, 15: 367 - 378.

上升而减少，二者呈现倒“U”型关系。Scherer（1967）① 在对通用机械和传统技术的创新分析中发现，当 CR4 小于 10% 时创新密度几乎为零，位于 50%—55% 时创新密度最高，而大于 55% 时创新密度又转为下降，并由此提出了集中与创新之间的倒“U”型关系的结论。Lee（2005）② 的研究进一步验证了这一观点。通过对韩国 1983 年五位数分类代码中的 426 个制造业厂商数据的分析，Lee 发现在研发可占用性高（the appropriability of R&D）的产业中，市场集中与研发呈倒“U”型关系。

莫塔（2006）③ 则从理论层面对此进行了论证。令反需求函数为 $P = a - Q$，其中 $Q = \sum_{i=1}^{n} q_i$ 是厂商 i 产出之和。厂商的边际成本为 $c_i = C - x_i$，其中 x_i 是厂商 i 的研发投资。研发成本为 $gx_i^2/2$（$g > 0$，表示研发生产效率）。博弈分为两个阶段。第一阶段，厂商同时进行研发投资；第二阶段厂商同时决定产量。在对称情形下，即当 $x_i = \bar{x} = x$ 时，每个厂商的均衡研发投资为：$x = \frac{2n(a - C)}{g(1 + n)^2 - 2n}$。此时，消费者福利为 $CS = \frac{[(a - c)ng(1 + n)]^2}{2[g(1 + n)^2 - 2n]}$，生产者福利为 $PS = \frac{n(a - C)^2 g[g(1 + n)^2 - 2n^2]}{[g(1 + n)^2 - 2n]^2}$，因此，社会总福利为 $W = \frac{(a - c)^2 ng[(2 + n)g(1 + n)^2 - 4n^2]}{2[g(1 + n)^2 - 2n]^2}$。显然，这是一个关于 n 的非单调函数。如图 2－4 所示，福利函数 W 将随着厂商数量 n 先上升后下降。由于行业的总研发水平 $R = nx = \frac{2n^2(a - C)}{g(1 + n)^2 - 2n}$ 满足 $\frac{\partial R}{\partial n} > 0$，这就意味着，当市场集中度达到一定程度后，厂商数量的增加不会大幅提高研发投资水平进而增加产品销量，但却会减少利润，所以，最优的创新环境应该是适度的集中或存在足够大的市场势力的中间环境。

---

① Scherer, F. M. Market Structure and Employment of Scientists and Engineers [J]. *American Economic Review*, 1967, 57 (3): 524 - 531.

② Lee Chang - Yang. A New Perspective on Industry R&D and Market Structure [J], *The Journal of Industrial Economics*, 2005, 53 (1): 101 - 122.

③ 马西莫·莫塔著：《竞争政策——理论与实践》，上海财经大学出版社 2006 年版，第 31—57 页。

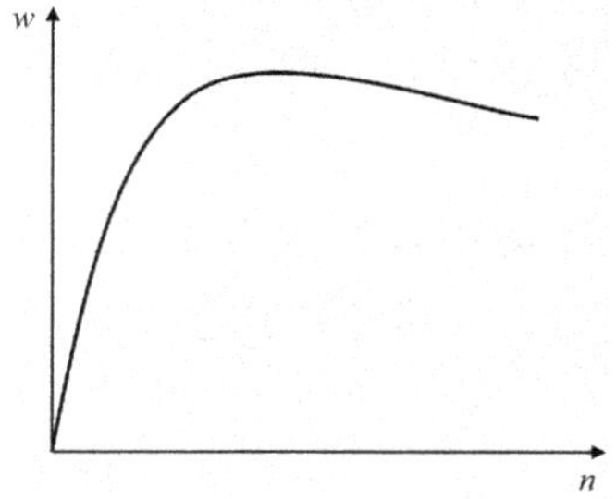

图 2－4　社会福利与厂商数量的函数关系

三、简要评述

波斯纳（1977）[①] 对熊彼特和阿罗对待垄断与创新关系的两种截然不同的观点，进行了归纳。一方面，垄断者比竞争性厂商更能将包括信息在内的外部性内在化，垄断是鼓励创新的一种途径。由于专利权在时间和范围上是有限的，专利实质上仅仅是对立即模仿的一种限制，因此，成功的创新和成本最小化对垄断者的回报通常是较大的。而竞争性厂商的成功则可能很快就会被其对手模仿，回报通常较小。另一方面，垄断弱化了企业创新和有效率地使用投入要素的激励，支持这一观点证据主要包括：（1）垄断者从创新得到的收益较少。它已从可利用的消费者剩余处得到了大量的益处；而可能成为垄断者的竞争性厂商通过创新是不可能得到这些收益的。（2）竞争性厂商面临破产的威胁有可能承担无谓的破产成本，不创新对垄断者造成的损失要小于竞争性厂商因此而造成的损失。（3）厂商的创新能力是不同的。当市场上存在一个以上的厂商时，市场就更可能包含至少一个高于平均水平的创新者，并且该创新者将引起整个市场创新率的上升。

也就是说，到目前为止，我们不能简单地得出市场势力不利于创新进而会导致动态无效率的结论。正如杰西·马卡姆（Markham）所指出的那样："发明和创新的努力如何受到厂商规模影响的任何答案，都是悬挂在一根极纤

① 波斯纳著：《法律的经济分析》，中国大百科全书出版社 1997 年版，第 366 页。

弱的可交替上下弯曲的芦苇上的，而究竟弯向何处则取决于当时统计风向的种类。与此类似，关于市场势力与发明、创新努力之间的精确关系，我们同样也无法确定。”①

单从创新动机来讲，市场竞争的压力无疑是激发厂商创新的重要推力，而当厂商的市场势力足够大，尤其是在其达到垄断力量时，它几乎没有创新的动力。原因就在于创新的成功带给竞争厂商的收益要大于垄断厂商。对垄断厂商而言，新产品的引入不仅与其他厂商的同类产品竞争，同时也与创新者自己现有的同类产品竞争。厂商现有同类产品的市场份额越大，导入新产品对自身同类产品的替代效应就越强，创新有可能对拥有市场势力的厂商造成损害②，这将抑制厂商技术创新的积极性。结果是市场势力较强的厂商往往倾向于更重视享有现在的高额回报，而对技术和产品创新持消极态度。而对竞争厂商而言，在创新前它仅能获得零经济收益，而只要创新成功，它就可以获得正的经济收益。因此，垄断厂商的创新激励弱于竞争性厂商。③ 但当我们考虑到创新能力、进入威胁等因素时，就难以得出一个明确的结论。一方面，非常高的市场势力尤其是独家垄断这种特殊的形态可能会导致动态无效率——垄断厂商很少进行创新或有意延缓创新的进程。这是由于它能够规避竞争，因而缺乏对研发进行大量投资和采用具有最高效率技术的动力。但自由进入可以有效提高垄断厂商的创新激励。另一方面，市场势力本身并不必然有害。④ 事实上，对获得一定市场势力和利润的期望是厂商投资和创新的主

---

① 转引自斯蒂芬·马丁著：《高级产业经济学》，上海财经大学出版社2003年版，第296页。

② 当创新的替代效应很大时，垄断者从创新中获得的额外收益有可能变为负数。

③ 需要指出的是，上述结论是建立两个前提之下的：（1）仅考虑替代效应。事实上，厂商在进行创新选择时，不仅考虑替代效应对即期利润的影响，还十分关注未来的利润和市场地位。当垄断厂商面对进入威胁时，它还要考虑到如果进入者创新成功会对自身地位和利润水平产生什么样的影响。这种威胁越大，垄断厂商创新的动机就越强。（2）创新的知识产权受法律保护，竞争者无法模仿创新。因此，它并不是一个完全竞争的市场结构。在一个完全竞争的市场结构下，厂商的创新将被竞争者迅速模仿，创新的回报极低。因此，从这个角度看，完全竞争并非是一个能够激发创新的最优市场。最利于创新的环境应该是一种“中间环境”。

④ 在承认市场势力缺乏静态效率的同时，必须要注意到市场势力的动态效率——具有增进创新效率的作用。（1）市场势力为厂商提供了创新动力；（2）市场势力提高了厂商的创新能力；（3）市场势力能确保创新更符合市场需求和经济规律（朱勤著：《国际竞争中企业市场势力与创新的互动》，经济科学出版社2008年版，第34—35页）。

要动机。不管厂商投资的是广告费、增加产能和研发支出还是其他支出，如果厂商没有能力将该投资的成果据为己有，那么它根本就不会投资，消费者也就不可能享受到价廉物美的商品和各种各样的新产品。因此，最有利于研发的市场形态可能是一种存在足够大市场势力的“中间环境”。

第四节 反垄断政策启示

当厂商的市场势力足够大时，厂商就可以将价格持续维持在高于竞争价格的水平，这不仅会造成资源配置的无效率，还会引发厂商对超额利润的追逐，产生寻租成本。此外，过大的市场势力还会导致“X—非效率”，进一步扩大市场势力导致的福利损失。然而，市场势力本身并不是有害的，相反，一定的市场势力还是激励厂商进行研发投资和创新的必要条件。但是，过高的市场势力则往往会削弱厂商的创新激励，导致动态无效率。这就意味着，最有利于创新的市场结构可能是具有一定市场势力的“中间环境”。

横向兼并的一个直接结果就是减少了行业中竞争厂商的数量。那么，厂商数量的减少是否必然会增加厂商的市场势力？虽然我们无法直接获知厂商的成本数据，进而无法直接确定厂商的市场势力，但从公式（2－6）我们已经知晓，在兼并前和兼并后市场需求弹性不变的情况下，如果可以获得厂商在兼并前和兼并后市场上的市场份额变化情况，就可以得到横向兼并与厂商市场势力之间的关系。但遗憾的是，我们在兼并前是无法准确地获知兼并后行业内厂商的产量变化情况，因而也不能对横向兼并与市场势力之间的关系给出一个明确的结论。目前，学者和反垄断实践中的一个普遍性观点是：横向兼并会增加厂商尤其是大厂商的市场势力。[①] 这也是厂商发起横向兼并的一个重要动因，并得到了部分实证研究的支持。[②] 可以证明，在一定的约束条件下，这一观点是成立的。以生产同质产品、进行古诺产量竞争的行业为例，在厂商间成本对称的情况下，每家厂商在兼并前市场上的产量份额为 $1/n$，当行业中 $m+1$ 家厂商合并后，每家厂商的产量份额变为 $1/(n-m)$。在市场需求弹性不变的前提下，单个厂商的市场势力从 $1/n\varepsilon$ 变为 $1/(n-m)\varepsilon$。可见，横向兼并增强了厂商的市场势力。事实上，没有效率提升的横向兼并必然导致厂商市场势力的增强（详见第三章）。

可见，无论是从那个方面讲，反垄断政策或竞争政策都应该关注市场势力，设法消除进入壁垒，创造和维护有利于促进竞争的环境，避免单个或若干个大厂商的市场势力不受挑战地扩大，进而削弱竞争。然而，这并不代表反垄断政策应当设法去消除市场势力。除非厂商的市场势力已经对竞争构成伤害，任何试图消除厂商市场势力的做法都会带来严重的问题：一方面会对市场上其他厂商传递错误的激励信号，削弱厂商研发的积极性，另一方面会对经济运行造成过度干预，影响经济的正常运转。反垄断政策的宗旨应该立足于促进竞争和保护消费者利益。因此，它应当在保护厂商从内部成长中获得的合理的市场势力不受侵犯的同时，重点关注妨碍竞争或对竞争构成伤害的过高的市场势力，特别是厂商通过外部横向兼并扩大市场势力的行为，因为横向兼并通常会增强兼并厂商的市场势力，并有可能产生单边效应和/或协调效应。例如，没有效率改进的横向兼并必然增强兼并厂商的市场势力，降低消费者福利。

---

① 哈佛学派的 SCP 范式认为市场势力与横向集中之间存在正相关关系，不断提高的集中程度将导致厂商势力的增强，而横向兼并会提高行业的集中程度。但这种观点受到芝加哥学派的质疑。首先，从理论上讲，横向兼并未必会提高行业的集中程度；其次，横向集中与市场势力之间的正相关关系也可能是市场势力的增加导致行业集中程度提高的结果。正如 Demsetz（1973）效率假说所揭示的那样，行业集中度的提高可能是缘于高效率大厂商快速扩张的结果。（参见 Demsetz，H. Industry structure，market rivalry，and public policy［J］. *Journal of Law and Economics*，1973，16：1－10）

② Barton and Sherman（1984）通过对 1976 年和 1979 年两次发生在重氮基微胶卷市场的横向兼并的分析发现：兼并导致主导厂商的市场份额分别提升了 15% 和 26%，价格分别上涨了 10% 和 1/3。这一结论得到了 Bakera and Bresnahan 的进一步证实。Bakera and Bresnahan（1988）对美国啤酒业的实证研究表明，两家小厂商间的横向兼并不会增强其市场势力，但是，任何一家小厂商只要与行业中大厂商 Anheuser－Busch 合并，就会增强 Anheuser－Busch 的市场势力（斯蒂芬·马丁著：《高级产业经济学》，上海财经大学出版社 2003 年版，第 390 页）。

第三章

横向兼并的单边效应

横向兼并的一个直观效果就是减少了行业中竞争厂商的数量，改变了市场结构，降低了市场竞争强度，并有可能增强兼并厂商的市场势力，引发行业产量下降、价格上涨的反竞争效应。[①] 之所以会导致这种反竞争效应的出现，一是因为横向兼并导致直接竞争厂商数量的减少，由兼并而形成的新厂商将发现限产涨价是有利可图的事情，出现横向兼并的单边竞争效应（以下简称单边效应）；二是因为横向兼并易于导致市场集中度的提高，进而增大了成功合谋的可能，出现横向兼并的协调效应。目前，世界各国的反垄断当局在审查横向兼并案时都非常关注单边效应。

① 这是按照消费者剩余标准或消费者福利标准来衡量的（如无特别说明，本书所有的反竞争效应均指的是按照消费者剩余标准衡量的福利效应）。但如果采用总福利标准来衡量，则未必所有的价格上涨和产量下降的横向兼并都是反竞争性的，因为，它也有可能增加总福利。例如，在需求价格弹性不变的情况下，兼并前行业的产量为 100 个单位，每单位产品的成本是 0.9 元，售价是 1 元。假定兼并后行业的产量下降到 90，单价上升到 1.2，成本下降到 0.8。通过简单的计算可以得到，消费者剩余从 100 下降到 81，但总福利却从 110 提高到了 117。

第一节 单边效应

什么是横向兼并的单边效应？简单地说，就是横向兼并导致产（行）业中厂商数量的减少对厂商间相互作用的影响。美国《横向兼并指南》中对单边效应的描述是："一起横向兼并即便不会增加厂商间相互协调的可能性也可能会降低竞争程度，因为厂商会发现在兼并后单边改变他们的行为是有利可图的，譬如，单方面提高价格和/或压缩产量。"①

考虑一个 n 个竞争性厂商同时行动的寡头博弈。定义厂商 i（$i = 1,\cdots,n$）的行动为 a_i，其余 $n-1$ 个厂商的行动集合为 a_{-i}。由于厂商同时行动，所以其利润不仅取决于其自身的行动，还同时取决于竞争对手的行动。因而，厂商 i 的利润就可以描述为厂商 i 的行动 a_i 和其余 $n-1$ 个厂商行动集合 a_{-i} 的函数：$\pi_i = \pi_i(a_i, a_{-i})$。为确保均衡的存在性和唯一性，我们假定厂商 i 的利润函数 $\pi_i = \pi_i(a_i, a_{-i})$ 是二阶连续可微和严格凹的。

在上述假定下，市场达到纳什均衡的充分必要条件②是：对所有的 i 有 $\frac{\partial \pi_i(a_i, a_{-i})}{\partial a_i} \equiv \pi'_i(a_i, a_{-i}) = 0$。纳什均衡是 n 个最优行动的集合。在纳什均衡下，每个厂商的行动都位于其最佳反应函数上。

现在，我们来考虑两个厂商之间的横向兼并对厂商行动的影响。在利润最大化的约束条件下，厂商 i 和厂商 j 之间的横向兼并将会产生一个新的行动

① U. S. Department of Justice and the Federal Trade Commission. *Horizontal Merger Guidelines*, Section 2.2.

② 需要注意的是，在充分必要条件中，每个厂商的一阶偏微分都假定竞争对手的行动是不变的，但这并不意味着厂商事实上将竞争对手的行为视为固定不变。因为，任何竞争对手的行动，厂商 i 的最佳行动都是由它的反应函数或者最佳反应函数来决定的，即厂商 i 的最佳行动是通过将 a_i 视为 a_{-i} 的函数来解方程 $\pi'_i(a_i, a_{-i}) = 0$ 获得的。最佳反应函数可能是隐含的，也可能是显性的，因为有一些利润函数存在显性解 $a_i = R_i(a_{-i})$。

选择 a_i 和 a_j 来最大化其联合利润 $\pi_i + \pi_j$。此时，参与兼并的厂商的纳什均衡的充分必要条件变为：

$$\frac{\partial\pi_i(a_i,a_{-i})}{\partial a_i} + \frac{\partial\pi_j(a_j,a_{-j})}{\partial a_i} = 0,$$
$$\frac{\partial\pi_i(a_i,a_{-i})}{\partial a_j} + \frac{\partial\pi_j(a_j,a_{-j})}{\partial a_j} = 0 \qquad (3-1)$$

因为兼并厂商不仅要考虑行动 a_i 对 π_j 的影响，还要同时考虑行动 a_j 对 π_i 的影响，所以除非行动 a_i 对 π_j 的影响和行动 a_j 对 π_i 的影响均可以忽略不计，否则，兼并必然将同时改变行动 a_i 和 a_j 的最优选择。结果是兼并厂商行动 a_i 和 a_j 的改变将影响未参与兼并的竞争厂商的利润最大化的一阶必要条件，所以，竞争厂商的行动也将同时做出调整。这样，兼并后的均衡完全反映了所有竞争者对其他竞争者反应的反应。

兼并之所以具有反竞争效应的是因为兼并厂商将它们之间的竞争内部化，进而改变了它们的最优行动。进一步，之所以将这种反竞争效应称为“单边效应”是因为未参与兼并的竞争厂商的最优行动是由同样的兼并前和兼并后的纳什均衡和最佳反应函数来决定的。即便是未参与兼并的竞争者在兼并后没有采用与兼并前同样的行动，甚至是它们行动的改变增加了兼并厂商的利润，这种效应依然是单边的。

简言之，在未参与兼并的外部竞争者不改变自身战略的情形下，如果竞争者之间的横向兼并增强了参与兼并的内部厂商在兼并后市场上的市场势力，并运用其增强了的市场势力实施索取高价、减少产量或者其他减少竞争强度的行为，就形成了横向兼并的单边效应。之所以运用“单边”一词是因为作为内部人的兼并参与厂商和局外人的外部竞争者都单方面追求自身利润最大化。横向兼并的单边效应源自于参与兼并的厂商将它们之间的竞争内部化。

一个最简单的例子就是双寡头合并为独家垄断。考虑一个产量竞争的简单情形：厂商 1 和厂商 2 具有相同的边际成本 $c(0 < c < 1)$，市场需求函数为 $p = 1 - q_1 - q_2$（其中 q_1 和 q_2 分别是厂商 1 和厂商 2 的产量），利润函数为 $\pi_i = p(q_1,q_2)q_i - cq_i$，$i = 1,2$。通过求利润函数的一阶偏微分 $\partial\pi_i/\partial q_i = 0$ 可以获得厂商的最优反应函数：

$$R_1: q_2 = 1 - 2q_1 - c,\ R_2: q_1 = \frac{1 - q_2 - c}{2}$$

进而，可以获得双寡头产量竞争的纳什均衡解为：$q_1 = q_2 = \frac{1-c}{3}$，行业总产量为 $Q^D = \frac{2(1-c)}{3}$。

当双寡头合并为独家垄断后，根据公式（3-1），厂商的最优反应函数要从下述两个一阶偏微分方程导出：

$$\frac{\partial \pi_1}{\partial q_1} + \frac{\partial \pi_2}{\partial q_1} = 0 \text{ 和 } \frac{\partial \pi_1}{\partial q_2} + \frac{\partial \pi_2}{\partial q_2} = 0$$

此时，纳什均衡解为 $q_1 = q_2 = \frac{1-c}{4}$，行业总产量为 $Q^M = \frac{1-c}{2}$。显然，$Q^D = \frac{2(1-c)}{3} > Q^M = \frac{1-c}{2}$。

可见，当双寡头合并为一个独家垄断厂商后，在利润最大化的驱使下，市场均衡将从兼并前相对竞争较强的双头均衡转变为没有竞争的垄断均衡，即产量从 $\frac{2(1-c)}{3}$ 下降为 $\frac{1-c}{2}$。

第二节 基于同质品古诺模型的单边效应

受哈佛学派理论的影响，欧美反垄断当局通常认为横向兼并会导致市场集中度提高，增强厂商的市场势力，导致价格上涨，因而非常关注横向兼并可能引发的单边效应。但是，芝加哥学派的理论却表明，横向兼并可以使厂商获取规模经济和学习效应等好处，有利于效率的提升，并有可能提高社会福利。威廉姆森（1968）[①] 提出要权衡价格上涨导致的消费者福利损失与效率改进产生的生产厂商收益的增加。那么，横向兼并是否一定会形成单边效应？或者横向兼并是否一定会导致市场价格上涨？进一步，横向兼并的福利效应如何？是否一定会导致社会总福利水平下降？生产厂商多大幅度的效率提升或改进才能抵消价格上涨带来的消费者福利损失？影响单边效应的因素主要有哪些？

一、基于 F&S 模型的一般均衡分析

利用 Farrell 和 Shapiro（1990）基于一般函数的标准古诺模型（本书简称为 F&S 模型），我们可以对横向兼并的价格效应和福利效应进行简单分析。

（一）F&S 模型及基本假设

考虑古诺行业的情形：一个寡占行业中有 n 家生产同质产品的厂商；横向兼并前和兼并后的市场均为古诺市场；厂商间进行产量竞争。并假定：

（1）产品的需求函数二阶连续可微且随着价格的上升而递减。令产品价格为 P，厂商 i 的产量为 q_i，行业总产量为 $Q=\sum_{i=1}^{n} q_i$，行业中除厂商 i 外的其他厂商的产量和为 $q_{-i}=\sum_{j\neq i} q_j = Q - q_i$，则需求函数可表示为 $Q=f(P)$ 且满足 $Q'(P)<0$。为论述方便，我们用反需求函数 $P(Q)$ 来表示产品的需求函数。$c_i \equiv c_i(q_i)$ 表示厂商 i 的总成本，$c_i' \equiv c_i'(q_i)$ 表示厂商 i 的边际成本。需求弹性为 $\varepsilon \equiv -\dfrac{dQ}{dP}\dfrac{P}{Q}$。

（2）每个厂商通过同时选择自己利润最大化的产量来达到行业均衡状态。在给定其他厂商产量的前提下，厂商 i 的利润函数为 $\pi_i = P(q_i, q_{-i})q_i - c_i(q_i)$，其利润最大化的一阶必要条件 FOC 或均衡条件是 $\partial\pi_i/\partial q_i = 0$，即

$$P(Q) + q_i P'(Q) - c_i'(q_i) = 0\ ,\ i = 1,\cdots,n \qquad (3-2)$$

① 威廉姆森著：《反托拉斯经济学——兼并、协约和策略行为》，经济科学出版社 1999 年版，第 4—19 页。

(3) 竞争者增加产量会降低厂商 i 的边际收益，即竞争对手的反应曲线向下倾斜，即

$$P'(Q) + q_i P''(Q) < 0 \text{ , } i = 1, \cdots, n \tag{3-3}$$

(4) 为了保证古诺均衡的稳定性，假定每个厂商的剩余曲线在其边际成本曲线的上方相交，即

$$c_i''(q_i) > P'(Q) \text{ , } i = 1, \cdots, n \tag{3-4}$$

这是保证古诺均衡稳定的一个弱条件（Dixit，1986）。

(5) 厂商间的横向兼并使兼并参与厂商（又称“局中人”）的资产和控制权完全合并，兼并后新的古诺均衡在合并实体 M（即兼并所形成的新厂商）与未参与兼并的外部厂商（又称“局外人”）之间实现。

引理1：在满足条件（3-3）和（3-4）的前提下，如果给定厂商 i 一个外生的产量变动，然后让其他厂商随之做出产量调整以重新达到新的古诺均衡状态，那么，在新的古诺均衡下，行业总产出的变动方向与厂商 i 的产量变动方向一致，但幅度要小一些。

证明： $P(Q) + q_i P'(Q) - c_i'(q_i) = 0$

$$\Rightarrow \frac{dq_i}{dq_{-i}} \equiv R_i = -\frac{P' + q_i P''}{2P' + q_i P'' - c_i''}$$

由条件（3-3）和条件（3-4）可知，$-1 < R_i < 0$

$$\frac{dq_i}{dq_{-i}} \equiv R_i \Rightarrow dq_i = \frac{R_i dQ}{1 + R_i}$$

令 $\lambda_i = -\frac{R_i}{1 + R_i} = \frac{P' + q_i P''}{c_i' - P'}$，表示兼并企业的产量变化引起的产业总产量的变化，上式变换为：

$$dq_i = -\lambda_i dQ \tag{3-5}$$

将公式（3-5）代入 $dQ = dq_i + dq_{-i}$，可以得到：

$$dQ(1 + \sum_{j \neq i} \lambda_j) = dq_i$$

由条件（3-3）和条件（3-4）可知，$\lambda_i > 0 (i = 1, \cdots, n)$，故 dQ 和 dq_i 同方向变动，且变动幅度小于 dq_i。证毕。

（二）横向兼并的价格效应

假设行业中 m 个厂商进行横向兼并，兼并既不会引发新的竞争者进入，

也不会引发未参与兼并的外部厂商进行改变其边际成本的投资。令合并实体 M 的产出为 q_M，边际成本为 $c'_M(\cdot)$，则合并实体 M 的均衡条件为：

$$P - c'_M(q_M) = -q_M P'(Q) \tag{3-6}$$

令参与兼并的厂商 $j(j \in m | m \in n)$ 在兼并前均衡状态下的联合产出为 $\overline{Q_M}$，将参与兼并的厂商 j 的均衡条件相加，可以得到：

$$\sum_{j \in m}[P(Q) - c_j'(q_j)] = -\overline{Q_M}p'(Q) \tag{3-7}$$

在产量竞争的古诺行业中，合并实体 M 通过选择产量来最大化自身利润。其选择共有三种：（1）削减产量，即 $q_M < \overline{Q_M}$。由引理 1 直接可知，行业总产出水平也将下降，兼并必然导致价格上涨。（2）维持产量不变，即 $q_M = \overline{Q_M}$。当合并实体 M 将产量维持在兼并参与厂商在兼并前古诺均衡下的产量之和时，行业的均衡产出亦保持不变，因此，兼并对均衡价格没有影响。（3）当 $q_M > \overline{Q_M}$ 时，同样由引理 1 直接可知，行业总产出也相应增加，此时，均衡价格下降。在市场需求弹性不变的情况下，除非合并实体 M 的边际成本 $c'_M(q_M)$ 足够低，使得其从产量增加中所获得收益大于因价格下降而遭受的损失，否则，合并实体 M 不会选择大于 $\overline{Q_M}$ 的产量。

一起横向兼并案是否可以让合并实体获得效率改进或效率提升乃至获得低成本优势，主要取决于以下几个方面：（1）参与兼并的厂商的资产实力是否大到可以重新进行有效组合或配置，以提高资产的利用效率，扩大联合生产能力，形成资产协同效应；（2）合并实体的各生产厂商之间能否通过合理化安排生产来协调彼此的产量，实现生产的规模经济；（3）兼并是否可以产生学习效应，譬如，实现技术、专利、管理技巧的共享。

在很多横向兼并案中，兼并参与厂商并不能通过重新组合它们的资产来扩大联合生产能力，Farrell 和 Shapiro 把这种情形称之为“无协同效应”的横向兼并。Farrell 和 Shapiro 证明，如果横向兼并不能产生协同效应，则必然导致价格上涨[①]（证明见本章附录）。Werden 和 Froeb（1998）以及 Spector

① Farrell 和 Shapiro（1990）还证明，如果兼并不能产生学习效应，那么，从长远看，兼并会提高价格；从短期看，如果（1）资本不能在生产车间之间流动或者（2）兼并企业的效率相同且长期生产函数是规模收益不变的，那么，兼并也会导致价格上涨。兼并导致均衡价格下降通常需要较大规模的经济效应和/或学习效应。

(2003) 进一步证实了这一点。Werden 和 Froeb（1998）[①] 发现，有利可图的兼并必然导致价格上涨。Spector（2003）[②] 则进一步证明，如果参与兼并的厂商在兼并前的产量严格为正，兼并收益严格为正且不产生技术协同效应，即便可能引发进入和避免固定成本的重复投入，兼并也将导致价格上涨。

那么，横向兼并需要获得多大的效率改进才能使兼并后的价格下降而非上涨呢？由引理 1 可知，如果合并实体 M 增加产出，行业总产出亦增加，兼并后的均衡价格就会下降。而合并实体 M 增加产出的前提是：如果将产量维持在兼并前各参与厂商产量之和的情况下，边际收入大于边际成本，即 $P + q_M P'(Q) > c'_M$，将（3-7）式代入上式，就可以得到：

$$P - c'_M > \sum_{j \in m} [P - c'_j(q_j)] \tag{3-8}$$

由（3-8）式可知，只有横向兼并导致合并实体获得足够大的效率改进即边际成本较大幅度的下降，横向兼并才可能导致兼并后的市场均衡价格下降。

总之，在不产生协同效应的情况下，除非至少有一个高效率的厂商参与兼并，使得合并实体可以通过学习效应和/或规模经济效应获得的边际利润不小于各兼并参与厂商在兼并前边际利润之和，兼并才不至于导致价格上涨。否则，由于合并实体在内部合理安排生产所带来的收益不足以抵消涨价的动机，横向兼并必将导致合并实体削减产量、提高价格，而未参与兼并的外部厂商将扩大产量，但总的效应是：行业总产量下降，价格上涨。[③]

（三）横向兼并的福利效应

鉴于难以利用一般需求函数和成本函数直接比较兼并参与者的获利性，即无法直接比较它们在兼并前和兼并后市场均衡条件下的利润变化水平，我们转而分析横向兼并对外部厂商和消费者福利的影响。事实上，如果兼并不

① Werden, G. J. and Froeb, L. M. The Entry - Inducing Effects of Horizontal Mergers: An Exploratory Analysis [J]. *The Journal of Industrial Economics*, 1998, 46: 525 - 543.

② Spector, D. Horizontal Mergers, Entry, and Efficiency Defenses [J]. *International Journal of Industrial Organization*, 2003, 21: 1591 - 1600.

③ 如果兼并使古诺竞争行为向合谋行为转变，价格上升的幅度将更大。

能给参与者带来收益，在厂商追逐利润最大化假设的约束下，厂商根本就没有兼并动机。

令横向兼并导致的均衡状态下行业总产出的变化额为 ΔQ，合并实体较兼并参与厂商在兼并前的联合产出的变化额为 Δq_M ①，社会总福利的变化额为 ΔW。给定一个无穷小的产出变化额 dq_M，由公式（3－2）可知：

$$dW = Pdq_M - dc_M + \sum_{i \notin m}(P - c'_i)dq_i \tag{3-9}$$

由于未参与兼并的外部厂商对合并实体 M 产量调整的反应由公式 $dq_i = -\lambda_i dQ$ 决定，将其代入公式（3－9）的右边并分别加上和减去 $q_M dP$，公式（3－9）调整为：

$$dW = (Pdq_M + q_M dP - dc_M) - q_M P'(Q)dQ + \sum_{i \notin m} P'(Q)\lambda_i q_i dQ \tag{3-10}$$

公式（3－10）右边前三项即为合并实体 M 的利润变化额 $d\pi_M$，将 $d\pi_M$ 移到等式左边，并令：

$$\eta \equiv \sum_{i \notin m} \lambda_i q_i - q_M \tag{3-11}$$

公式（3－10）就变换为：

$$dW - d\pi_M = \eta P'(Q)dQ \tag{3-12}$$

由引理1、公式（3－11）和（3－12）不难推知，如果兼并导致合并实体削减产量，那么，只有当 $\eta > 0$ 即 $\sum_{i \notin m} \lambda_i q_i > q_M$ 时，才有 $dW - d\pi_M > 0$，兼并才会对外部厂商和消费者的联合福利产生正效应，增加社会总福利。这是因为横向兼并导致外部厂商从产量增加和价格上升中所获得的增量利润大于消费者所遭受的福利损失。

上述分析表明，在缺乏协同效应的情况下，古诺行业中的横向兼并虽然导致消费者福利受损，但并不必然导致社会福利受损。如果兼并导致外部厂商产出的增加超过合并实体产出的增加，那么，外部厂商因兼并而增加的利润就会超过消费者的福利损失，此时，社会总福利水平是提高而非下降了。

---

① 假设 Δq_M 连续可分，即 Δq_M 可以分解为由无穷小的 dq_M 相加而成。

二、影响单边效应的因素

上面证明了没有效率改进或提升的横向兼并往往会增强合并实体的市场势力，产生显著的单边效应。进一步分析，我们发现市场份额、成本、进入等因素会对横向兼并的单边效应产生明显的影响。

（一）市场份额

令 $s_i = q_i/Q$ 表示厂商 i 产出的市场份额，$m_i = [p - c_i'(q_i)]/p$ 表示厂商的边际利润率，即衡量厂商市场势力的勒那指数，则公式（3－2）可以重新被表述为：

$$m_i = \frac{-s_i}{\varepsilon} \tag{3-13}$$

显然，在均衡状态下，厂商产出的市场份额越大，边际利润率越高；厂商的边际成本越低，边际利润率越高。

将公式（3－13）代入公式（3－8），公式（3－8）就可以转换为：

$$c_M' < P\left(1 - \frac{\sum_{i \in m} s_i}{\varepsilon}\right) \tag{3-14}$$

公式（3－14）表明，在兼并前和兼并后市场需求弹性不变的情况下，参与兼并的厂商的市场份额越大，横向兼并导致兼并后的市场均衡价格的上涨幅度就越大。换个角度说，要想使横向兼并后的市场均衡价格下降，参与兼并的厂商的市场份额越大，合并实体 M 需要从兼并中获得的效率提升幅度就越大，等价地说，要求边际成本下降的幅度就越大。那么，这个效率提升的幅度应该为多大呢？

令 $c'(m)$ 表示参与横向兼并的厂商的加权平均边际成本，如果以厂商产出的市场份额为权重，那么，

$$c'(m) = \sum_{i \in m}\left(c_i' \frac{s_i}{\sum s_i}\right) \tag{3-15}$$

对 $m_i = [p - c_i'(q_i)]/p$ 变形可得：

$$c_i'(q_i) = P(1 - m_i) \tag{3-16}$$

将公式(3－16)代入公式（3－15），可以将公式(3－15)重新表述为：

$$c'(m) = P\sum_{i\in m}\left((1-m_i)\frac{s_i}{\sum s_i}\right) \tag{3-17}$$

假定兼并前与兼并后的需求弹性不变，在兼并实体将产量维持在各兼并参与厂商在兼并前的均衡产量之和的情形下，兼并实体的市场产出份额与兼并前各兼并参与厂商的市场份额之和相等，即 $s_M = \sum_{i\in m} s_i$。要想使兼并后的市场均衡价格维持在兼并前的水平，合并实体需要从兼并中获得的边际成本节约程度或效率提升幅度为：

$$\frac{c'(m)-c'_M}{c'(m)} = \frac{\sum_{i\in m}\left((1-m_i)\frac{s_i}{\sum s_i}\right)-(1-m'_M)}{\sum_{i\in m}\left((1-m_i)\frac{s_i}{\sum s_i}\right)} \tag{3-18}$$

将均衡条件（3－13）代入（3－18）式，可以推出：

$$\frac{c'(m)-c'_M}{c'(m)} = \frac{\sum_{i\in m} s_i^2 - s_M\sum_{i\in m} s_i}{\sum_{i\in m} s_i(\varepsilon+s_i)} \tag{3-19}$$

由（3－19）式可知，当只有厂商 i 和厂商 j 参与兼并时，预防因兼并而引发价格的上涨需要合并实体的边际成本较参与兼并的厂商的加权边际成本下降幅度为 $\frac{-2s_is_j}{\varepsilon(s_i+s_j)+(s_i^2+s_j^2)}$。在对称情形下，$s_i = s_j = s$，上式就可以简化为 $\frac{-s}{\varepsilon+s}$。

总之，参与横向兼并的厂商的市场份额越小，兼并的价格效应的危害性就越小。反之，参与横向兼并的厂商的市场份额越大，兼并的价格效应的危害性就越大。这就解释了为何世界各国的反垄断当局为何只关注大厂商间的横向兼并，而对小厂商间的横向兼并则不予干预。

（二）成本与产能约束

1. 边际成本固定不变

考虑一个没有产能约束、反需求函数为 $p = a - bQ$ 的对称古诺行业。假设行业内的厂商数量为 n，厂商的边际成本函数为 $c'_i = c'_i(q_i) = t$。不是一般性，假设 $a = b = 1$，$t < 1$。由均衡条件（3－2）和对称性，可以得到兼并前市场的古诺纳什均衡解：

$$q_1^{before} = \frac{1-t}{n+1}, \quad P^{before} = \frac{1+nt}{n+1}$$

兼并前每个厂商的利润为：

$$\pi_i^{before} = \frac{(1-t)^2}{(1+n)^2}$$

假设现在有 $m+1(0 \leqslant m \leqslant n-1)$ 个厂商通过横向兼并成为一个新厂商 M，兼并没有任何协同效应，兼并后行业中有 $(n-m)$ 个对称厂商。通过产量竞争，兼并后的市场达到新的古诺纳什均衡，此时，均衡价格和均衡产量分别为：

$$q_i^{after} = \frac{1-t}{n-m+1}, \quad P^{after} = \frac{1+(n-m)t}{n-m+1}$$

以 π_j^{after} 表示未参与横向兼并的厂商 j 在兼并后古诺纳什均衡状况下的利润，π_M^{after} 表示厂商 M 在兼并后古诺纳什均衡状态下的利润，$g(n,m)$ 表示厂商 M 在兼并后古诺纳什均衡下的利润与 $(m+1)$ 家参与兼并的厂商在兼并前古诺纳什均衡下的联合利润之差，则：

$$\pi_j^{after} = \frac{(1-t)^2}{(n-m+1)^2}, \quad \pi_M^{after} = \frac{(1-t)^2}{(n-m+1)^2}$$

$$g(n,m) = \pi_M^{after} - (m+1)\pi_i^{before}$$

$$= (1-t)^2[(n-m+1)^{-2} - (m+1)(n+1)^{-2}] \qquad (3-20)$$

首先，考察兼并的价格效应。当 $g(n,m) > 0$ 即兼并有利可图时，比较兼并前的均衡价格 $P^{before} = \frac{1+nt}{n+1}$ 与兼并后的均衡价格 $P^{after} = \frac{1+(n-m)t}{n-m+1}$，显然有 $P^{before} < P^{after}$，即兼并增强了厂商的市场势力，导致价格上涨。事实上，只要有兼并发生，无论兼并参与厂商是否可以获利，必然有 $P^{before} < P^{after}$，即兼并必然导致价格上涨。

其次，考察兼并的福利效应。(1) 令 $CS^{after-before}$ 代表兼并后的消费者福利变化额，根据上面的均衡解易知兼并后的市场均衡产量小于兼并前的市场均衡产量，即 $Q^{after}=\frac{(n-m)(1-t)}{n-m+1}\leqslant Q^{before}=\frac{n(1-t)}{n+1}$，因此，不难推知

$$CS^{after-before}=\frac{(1-t)^2}{2}\left[\left(\frac{n-m}{n-m+1}\right)^2-\left(\frac{n}{n+1}\right)^2\right]\leqslant 0 \tag{3-21}$$

由于公式（3－21）只有在 $m=0$ 时才能取等号，这就意味着只要有兼并发生，兼并必然导致市场均衡价格上涨，均衡产量下降，进而造成消费者福利减少。（2）令 $\pi_{out}^{after-before}$ 代表兼并后外部厂商的利润变化额。同样，由上面的均衡解易知兼并前的外部厂商的利润和为 $\pi_{out}^{before}=(n-m-1)\pi_i^{before}=\frac{(n-m-1)(1-t)^2}{(1+n)^2}$，兼并后外部厂商的利润和为 $\pi_{out}^{after}=(n-m-1)\pi_j^{after}=\frac{(n-m-1)(1-t)^2}{(n-m+1)^2}$，显然，

$$\pi_{out}^{after-before}=\frac{(n-m-1)(1-t)^2}{(n-m+1)^2}-\frac{(n-m-1)(1-t)^2}{(1+n)^2}\geqslant 0 \tag{3-22}$$

同样，公式（3－22）只有在 $m=0$ 时才能取等号，所以，当 $0<m<n-1$ 时，任何数量厂商参与的兼并对未参与兼并的外部厂商而言，都具有正的外部性，导致其利润水平上升。这是因为兼并不仅导致市场均衡价格上涨，而且导致外部厂商的产量增加。（3）令 W^{a-b} 表示兼并后的社会福利变化额，由公式（3－20）、公式（3－21）和公式（3－22）可知：

$$W^{a-b}=(1-t)^2\left[\frac{n-m}{(n-m+1)^2}-\frac{n}{(n+1)^2}+\frac{(n-m)^2}{2(n-m+1)^2}-\frac{n^2}{2(n+1)^2}\right] \tag{3-23}$$

因为 $\frac{\partial W^{a-b}}{\partial m}=\frac{-(1-t)^2}{(n-m+1)^3}<0, W^{a-b}|_{m=0}=0$，所以，兼并必然导致社会福利受损。也就是说，兼并导致生产厂商的福利增加不足以弥补消费者福利的损失。

放宽固定成本为零的假设，令每一个厂商拥有 F 的固定成本。由于没有产能限制，兼并可以关闭 m 个工厂，进而节约 mF 的固定成本，因此，兼并导致的社会福利变化额 W_F^{a-b} 为：

$$W_F^{a-b}=W^{a-b}+mF \tag{3-24}$$

兼并参与厂商的利润变化额为 $g_F(n,m)=g(n,m)+mF$。可以证明，当 F

足够大时，一定能找到一个 m'，使得 $W_F^{a-b} > 0$。也就是说，即便兼并不能带来生产效率的提高使兼并参与厂商获利，但由于可以节约足够大的固定成本，兼并也有可能带来整个社会福利的提高。例如，令 $n = 8$，$t = 0.2$，$F = \frac{2}{25 \times 81}$ 时，当参与兼并的厂商数 $m' = 5$ 时，$g_F(8,5) = -\frac{5}{81 \times 25} < 0$，$W_F^{a-b} = \frac{35}{50 \times 81} > 0$。如果 $F = \frac{4}{25 \times 81}$，则 $g_F(8,5) = \frac{5}{81 \times 25}$，兼并厂商也可以因固定成本的节约而获利，此时社会福利水平得到更大的提高。

上述分析表明，当成本呈线性时，在一个没有产能约束的对称的古诺行业中，不具有协同效应的横向兼并一定会形成单边效应，是反竞争性的。这是因为厂商的技术是一样的，兼并又不能形成任何协同效应，所以，结果只能是造成被兼并厂商从市场上退出，从而导致市场集中，厂商单边势力增强。而且，无论兼并给外部厂商带来的正效应有多大，行业整体利润的增加都不足以弥补因产量削减和价格上涨所导致的消费者福利损失，因而必然造成社会福利水平下降。同时，在这样的市场上兼并一般不会发生，因为只有当行业中的大多数厂商参与兼并①或兼并可以节约的固定成本足够大时，兼并才具有获利性。②

2. 边际成本递增

考虑古诺行业中一个边际成本递增③的情形。假设：①市场反需求函数为 $p = a - bQ$；②厂商的成本函数为 $c_i = \frac{q_i^2}{2k_i}$，函数二阶可微，进而有边际成本函数 $c'_i = \frac{q_i}{k_i}$，即厂商的边际成本随产量的增加而线性上升。其中，k_i 代表厂商 i

---

① Salant et al.（1983）测算出这个临界值为 80%（see Salant，S. W.，Switzer，S. and Reynolds，R. J. Losses from horizontal merger：The effects of an exogenous change in industry structure on Cournot – Nash equilibrium［J］. *Quarterly Journal of Economics*. 1983，98：185 – 99）。

② 尽管消除固定成本的重复投入可以使兼并增加总福利，但如果兼并不能产生协同效应，这样的兼并必然损害消费者，这与 Spector（2003）的研究结论是一致的。

③ 厂商的边际成本递增在另一个角度看就意味着存在产能约束。

拥有的不变的行业资本份额或厂商 i 的产能，$\sum_{i=1}^{n} k_i = 1$；③ $m(m \in n)$ 个厂商通过横向兼并成为合并实体 M，合并实体 M 的边际成本为 $c'_M = \frac{q_M}{\sum_{i \in m} k_i}$。其中，$q_M$ 为合并实体 M 的均衡产出。

将需求函数和成本函数代入均衡条件（3－2），可得到变形后的均衡条件：

$$a - bQ = (b + k_i^{-1})q_i \tag{3－25}$$

令 $\alpha_i = \frac{bk_i}{bk_i + 1}$，$\beta = \sum \alpha_i$，$h = \sum_{i=1}^{n} s_i^2$，并将 α_i 和 β 代入均衡条件（3－25），可以得到古诺纳什均衡解：

$$Q = \frac{a}{b}\left(\frac{\beta}{1 + \beta}\right) \tag{3－26}$$

$$p = \frac{a}{1 + \beta} \tag{3－27}$$

$$q_i = \frac{a}{b}\left(\frac{\alpha_i}{1 + \beta}\right) \tag{3－28}$$

将上述均衡解代入市场份额 s_i 和需求弹性 ε 的表达式，可以得到：

$$s_i = \frac{\alpha_i}{\beta} \tag{3－29}$$

$$\varepsilon = \frac{1}{\beta} \tag{3－30}$$

因而，兼并前的社会总福利就可以表示为：

$$W = \frac{a^2}{2b}\left[\frac{\beta}{1 + \beta} + \left(\frac{\beta}{1 + \beta}\right)^2 h\right] = \frac{a^2}{2b}\left[\frac{1}{1 + \varepsilon} + \left(\frac{1}{1 + \varepsilon}\right)^2 h\right] \tag{3－31}$$

假设 $n \geqslant 3$，厂商 1 和厂商 2 兼并后成为合并实体 M。由于 α_i 仅依赖于 k_i，所以不受合并影响。令合并实体的 α 值为 α_M，显然 α_M 满足下述条件：

$$\max(\alpha_1, \alpha_2) < \alpha_M = \frac{\alpha_1 + \alpha_2 - 2\alpha_1\alpha_2}{1 - \alpha_1\alpha_2} < \alpha_1 + \alpha_2 \tag{3－32}$$

令兼并后 β 的值为 β_M，β 的变化值为 $\Delta\beta$，由（3－32）式可知：

$$\beta_M = \beta + \alpha_M - \alpha_1 - \alpha_2 < \beta \tag{3－33}$$

$$\Delta\beta = \beta_M - \beta = \alpha_M - \alpha_1 - \alpha_2 < 0 \tag{3-34}$$

令合并实体 M 的市场份额为 s_M，由（3－29）、（3－32）和（3－33）式可知：

$$\max(s_1, s_2) < s_M < s_1 + s_2 \tag{3-35}$$

首先，考察横向兼并的价格效应。由（3－26）、（3－27）和（3－33）式可知，兼并后行业的总产出下降、价格上涨，消费者福利受损。由（3－28）和（3－34）式可知，兼并导致外部厂商产出增加，合并厂商的产量和市场份额较各兼并参与厂商在兼并前均衡情况下的联合产量和市场份额之和要小。从而由（3－27）和（3－34）式可以推导兼并前与兼并后的均衡价格的上涨幅度为：

$$\frac{p^{post} - p^{before}}{p^{before}} = \frac{\Delta p}{p^{before}} = \frac{-\Delta\beta}{1 + \beta + \Delta\beta} \tag{3-36}$$

显然，$\Delta\beta$ 的绝对值越大，兼并引发的价格上涨幅度越大。又因为 $|\Delta\beta|$ 是 k_i 的增函数，所以参与兼并的厂商拥有的资本份额或产能越大，兼并的价格上涨效应越强。①

其次，考察横向兼并的福利效应。假定兼并不改变市场需求弹性，h_M 为兼并后的市场集中度，由（3－31）式可知兼并导致的福利变化为：

$$\Delta W = W^{post} - W^{before} = \frac{a^2}{2b}\left(\frac{1}{1+\varepsilon}\right)^2 (h_M - h) \tag{3-37}$$

令① $s = s_1 + s_2$，$s \in [0,1]$；② $z = s_1 s_2 / s^2$，$z \in [0, 1/4]$；③ $h^* = \sum_{i=3}^{n} \frac{s_i^2}{(1-s)^2}$，$h^* \in [0,1]$，代表未参与兼并的外部厂商的集中程度，其值不随兼并变动。则（3－37）可以调整为：

$$\Delta W = \frac{a^2}{2b}\left(\frac{1}{1+\varepsilon}\right)^2 [(s_M)^2 - s^2 - 2zs^2 + (1-s_M)^2 h^* - (1-s)^2 h^*] \tag{3-38}$$

因为 z 和 h^* 都是 s 的函数，且 s_M 也与 s 有关，所以，由（3－38）式可

① 这个结论与 Farrell 和 Shapiro（1990）以及 Werden（1991）（参见 Werden, G. J. Horizontal mergers: Comment [J]. *American Economic Review*, 1991, 81: 1002－06）的结论相一致。

知，兼并导致的社会福利变化主要取决于 s 值的大小。由于 ΔW 是 s 的减函数，是 h^* 的增函数①，所以，参与兼并的厂商的市场份额越大，兼并越有可能降低社会福利，或者等价地说，外部厂商的集中度越高，横向兼并越有可能增进社会福利。这个结论与 Farrell 和 Shapiro（1990）以及 McAfee 和 Williams（1992）的结论是一致的。

综上所述，不同的成本对古诺行业中的横向兼并会产生不同的价格效应和社会福利效应。如果厂商的边际成本是固定不变的，也就是说，在没有产能约束的情况下，横向兼并将导致价格上涨，社会福利水平下降；如果厂商的边际成本是递增的，横向兼并将导致价格上涨，但对社会福利水平的影响并不确定。一般而言，参与兼并的厂商拥有的行业资本份额或产能越大，外部厂商扩大产出的能力就越弱，横向兼并的价格上涨幅度就越大；外部厂商的集中度越高，横向兼并越有可能增进社会福利。或者说，参与兼并的厂商的市场份额越高，兼并对社会福利的危害性就越大。

（三）进入

Baumol、Panzar 和 Willing（1982）② 等人提出的可竞争市场理论认为，自由进入将限制厂商制定高价的能力。这一理论的基本逻辑是：在市场可以无成本地自由进出，即沉淀成本为零且不存在进入壁垒的情况下，一旦潜在进入者观察到某一行业存在利润，它就可以迅速进入该行业赚取利润，并在在位者厂商做出反应时退出行业，即潜在进入者可以采用“打了就跑”（hit - and - run）的战略。这种理论观点被美国反垄断当局及法院广为接受。他们认为：沉淀成本并不构成进入的壁垒，自由进入或进入的威胁将削弱甚至抵消横向兼并的反竞争效应。按照可竞争性市场理论的逻辑，如果一起横向兼并案导致市场均衡价格上涨或均衡产量下降，那些本来按照兼并前市场均衡价格进入行业无利可图的厂商可能会在兼并案发生后进入行业，因为这时市场价格上升了，进入变得有利可图。一旦这些厂商进入，

① 由于证明太过复杂，这里只给出结论。

② Baumol, W. J., Panzar, J. C. and Willing, R. D. *Contestable Markets and the Theory of Industry Structure* [M]. New York: Harcourt Brace Jovanovich, 1982: 101 - 168.

行业总供给增加，竞争加剧，价格将滑落。在理性人的假设下，参与横向兼并的厂商会提前预料到这种情况。为避免兼并引发潜在进入者的进入，兼并后的价格会限制在低于没有进入威胁时的价格水平上，甚至根本不涨。

为了验证上述逻辑推理的正确性，我们考虑一种简单的情形①：在一个成本对称的同质产品古诺行业中，厂商拥有一样的技术，其边际成本为 $c(c \geqslant 0)$，固定成本为 $F(F \geqslant 0)$。进入市场除了需支付 $S(S > 0)$ 的沉淀成本外，没有其他任何限制，即市场是自由进出的。假设：（1）市场反需求函数为 $p(Q) = a - bQ$，$a > 0, b > 0$；（2）厂商的数量是连续变量；（3）在自由进出的情况下，未参与横向兼并的外部厂商均衡利润为零；（4）不存在战略进入者。

在这样的一种情形下，可以将厂商间的博弈看做一个四阶段的进入和产量决策博弈，博弈规制如下：（1）第一阶段，m 个具有前瞻性的厂商预计到有利可图后进入市场。在做出进入决定时，这 m 个厂商有一个共同知识：其他厂商可能会在它们的产品投产之前进入，而它们可以在随后的第二阶段进行横向兼并；（2）第二阶段，当其他厂商进入并支付沉淀成本后，这 m 个厂商决定合并为一个厂商 M。为保证厂商的兼并动机，令兼并后厂商 M 的边际成本为 $\alpha c(0 < \alpha < 1)$，固定成本为 F，即兼并可以获得成本协同效应；（3）第三阶段，其他潜在进入者序贯进入市场。令 n 代表行业内厂商的总数量，因此，在均衡状态下，市场上的厂商数量为 $n - m + 1$；（4）第四阶段，市场上的厂商进行古诺产量博弈。

根据上述假设，在没有兼并的情况下，市场的均衡产量和厂商的利润为：

$$Q^* = \frac{n(a - c)}{b(n + 1)} \tag{3-39}$$

$$\pi^* = \frac{(a - c)^2}{b(n + 1)^2} - F - S \tag{3-40}$$

如果厂商没有进行横向兼并，在第三阶段，进入将一直持续到厂商的利润 π^* 等于零时为止。此时，均衡状态下的厂商数量为：

① 本部分内容主要参考了 Davidson 和 Mukherjee（2007）的模型（参见 Davidson，C. Mukherjee，A.，Horizontal mergers with free entry [J]. *International Journal of Industrial Organization*，2007，25（2007）：157－172）。

$$n^* = \frac{a-c}{\sqrt{b(F+S)}} - 1 \tag{3-41}$$

将（3-41）式代入（3-39）式，可以得到行业总产量为：

$$Q^* = \frac{a-c-\sqrt{b(F+S)}}{b} \tag{3-42}$$

以 *outsider* 代表任何一个未参与横向兼并的外部厂商。当第一阶段先进入市场的 m 个厂商在第二阶段合并为一个厂商 M 后，均衡状态下合并实体厂商 M 的产量、利润为：

$$q_M = \frac{a+(n-m)(1-\alpha)c-\alpha c}{b(n-m+2)} \tag{3-43}$$

$$\pi_M = \frac{1}{b}\left[\frac{a+(n-m)(1-\alpha)c-\alpha c}{(n-m+2)}\right]^2 - F - mS \tag{3-44}$$

任何一个外部厂商的产量和利润分别为：

$$q_{outsider} = \frac{a-(2-\alpha)c}{b(n-m+2)} \tag{3-45}$$

$$\pi_{outsider} = \frac{1}{b}\left[\frac{a-(2-\alpha)c}{(n-m+2)}\right]^2 - F - S \tag{3-46}$$

行业总产量 $\hat{Q}$ 为：

$$\hat{Q} = \frac{(n-m+1)a-(n-m)c-\alpha c}{b(n-m+2)} \tag{3-47}$$

由于自由进入条件下，在第三阶段，进入将一直持续到最后一个进入行业或市场的厂商的利润等于零时为止。根据成本对称性，此时，所有的外部厂商的利润均为零。令（3-46）式等于零，可推导出兼并后的均衡状态下的厂商总数量为：

$$\hat{n} = \frac{a-(2-\alpha)c}{\sqrt{b(F+S)}} - m - 2 \tag{3-48}$$

将（3-48）式代入（3-47）式，可得：

$$\hat{Q} = \frac{a-c-\sqrt{b(F+S)}}{b} = Q^* \tag{3-49}$$

由此，我们得到如下结论：如果行业最初是成本对称且边际成本不变的，在自由进入的条件下，横向兼并对行业的产出没有影响，进而横向兼并既不会改变市场均衡价格，也不会改变消费者福利。[①] 换言之，任何有利可图的横向兼并必然增进社会总福利。

以上的分析表明，有效的进入可以抑制横向兼并的单边效应[②]，而进入的有效性又取决于市场进入的难易程度。进入的沉淀成本越高，譬如资产的专用性越强，进入越困难，进入对横向兼并的价格上涨效应的限制作用就越小，兼并后的价格可能就越高。同样，进入壁垒（如技术壁垒、行政壁垒）越高，进入越困难，进入对横向兼并的价格上涨效应的限制作用就越小，兼并后的价格可能就越高。此外，消费者的转换成本、网络效应等因素也会削弱进入威胁对横向兼并的价格上涨效应的限制作用。

（四）其他因素

除了市场份额、成本、进入因素之外，需求弹性、买方势力、耐用品投资或战略承诺、对破产厂商的保护等都会影响横向兼并的单边效应。以需求弹性和买方势力为例，一般而言，市场需求弹性越小，厂商提高价格的空间和能力就越大；买方势力越强，厂商提价能力相对就越弱。但是，如果进行横向兼并的厂商是下游厂商，则兼并参与者的买方势力越强，横向兼并会导致其买方势力进一步增强，进而更易于从上游厂商处获得原材料或投入品的价格折扣或其他优惠，降低成本，获得成本竞争优势[③]，横向兼并导致的单边效应相对就会小一些。

---

① 不过，并非所有的学者都对进入的作用深信不疑。Werden 和 Froeb（1998）就对此提出质疑。参见第一章第二节文献综述。

② Davidson 和 Mukherjee（2007）还证明在 Bertrand 竞争下，自由进入同样抑制横向兼并的单边效应。

③ Raskovich（2003）的研究却表明也可能出现相反的情况。参见第一章第二节文献综述部分。

第三节　基于差异性产品 Bertrand 模型的单边效应

基于同质产品古诺模型的研究表明，横向兼并在没有效率改进的情况下必然提高价格，产生单边效应。但现实生活中更常见的情形是厂商生产具有差异性的产品，这就提出一个问题：差异性产品厂商间的横向兼并是否也会同样出现单边效应？

一、横向兼并的价格效应

（一）模型及基本假设

考虑一个 Bertrand 行业内单一产品厂商间横向兼并的简单情形。假定：

（1）一个寡占行业中有 n 家生产差异性产品的厂商，每个厂商生产单一产品或拥有单一品牌。无论是在兼并前的市场上还是在兼并后的市场上，厂商间竞争都是价格竞争。我们把这种行业称为 Bertrand 行业；

（2）令厂商 i 的产品或品牌为 i，产品 i 的价格为 p_i，其他产品的价格向量为 p_{-i}。产品 i 的需求函数为 $q_i = q(p_i, p_{-i})$，函数连续可微且随着价格的上升而递减。相应的成本函数为 $c_i = c_i(q_i) = c_i[q_i(p_i, p_{-i})]$，连续可微；

（3）每个厂商通过同时选择自己利润最大化的价格来达到行业均衡状态。在给定其他产品价格的前提下，产品 i 的利润函数为 $\pi_i = p_i q_i(p_i, p_{-i}) - c_i[q_i(p_i, p_{-i})]$，其利润最大化的一阶必要条件 FOC 或均衡条件是 $\partial\pi_i/\partial p_i = 0$，即：

$$q_i(p_i, p_{-i}) + [p_i - c_i'(q_i(p_i, p_{-i}))]\left[\frac{\partial q_i(p_i, p_{-i})}{\partial p_i}\right] = 0,\ i = 1, \cdots, n \quad (3-50)$$

(二) 无效率改进情形下两厂商横向兼并的价格效应

令 ε_{ji} 为产品 j 对产品 i 的价格的交叉需求弹性，m_i 为产品 i 的边际利润率，则 $\varepsilon_{ji} = \frac{dq_j}{q_j}\frac{p_i}{dp_i}$，$m_i = \frac{p_i - c_i'(q_i)}{p_i}$。将其代入均衡条件（3－50）后，兼并前的均衡条件可以重新表述为：

$$m_i^{before} = -\frac{1}{\varepsilon_{ii}} \tag{3-51}$$

令 $d_{ij} = -\frac{dq_j}{dp_i}/\frac{dq_i}{dp_i} = -\frac{\varepsilon_{ji}q_j}{\varepsilon_{ii}q_i}$ 表示产品 i 向产品 j 的分流率。在没有效率改进即 $mc_i^{before} = mc_i^{post} = c_i'$ 的情形下，假设厂商 i 和 j 兼并为实体 M，并且兼并既不会引发潜在进入者的进入，也不会引发其他厂商进行能够改变消费者对产品偏好的投资，则厂商 M 的利润函数为 $\pi_M = p_iq_i(p_i,p_{-i}) - c_i[q_i(p_i,p_{-i})] + p_jq_j(p_j,p_{-j}) - c_j[q_j(p_j,p_{-j})]$，假定兼并前和兼并后的分流率不变①，相应的均衡条件②为：

$$m_i^{post} = -\frac{1}{\varepsilon_{ii}} + \frac{m_j^{post}d_{ij}p_j^{post}}{p_i^{post}} \tag{3-52A}$$

$$m_j^{post} = -\frac{1}{\varepsilon_{jj}} + \frac{m_i^{post}d_{ji}p_i^{post}}{p_j^{post}} \tag{3-52B}$$

用（3－52A）式减去（3－51）式，可得：

$$\Delta m_i = m_i^{post} - m_i^{before} = \frac{m_j^{post}d_{ij}p_j^{post}}{p_i^{post}} \tag{3-53}$$

对 $m_i = \frac{p_i - c_i'(q_i)}{p_i}$ 做恒等变化，可得：

$$p_i = \frac{c_i'(q_i)}{1 - m_i} \tag{3-54}$$

---

① 在一定的范围内，需求弹性不变，进而分流率也维持不变。放宽这个条件并不影响分析的结果，只是让分析更加复杂。

② 《美国横向兼并指南》（1992）将均衡条件（3－52）与（3－50）之间的差别称为两个厂商横向合并的“单边效应”，这与我们对单边效应的定义是一致的。

令 $\Delta p_i = p_i^{post} - p_i^{before}$，将（3－54）和（3－53）式代入后，可得：

$$\Delta p_i = \frac{c_i'(q_i)(m_i^{post} - m_i^{before})}{(1 - m_i^{post})(1 - m_i^{before})} = \frac{c_i'(q_i)\Delta m_i}{(1 - m_i^{post})(1 - m_i^{before})} \tag{3-55}$$

当产品 i 和产品 j 是替代品时 d_{ij} 大于零，由（3－53）易知 Δm_i 大于零，故 Δp_i 大于零。反之，如果产品 i 和产品 j 是互补品，则 Δm_i 小于零，进而 Δp_i 小于零。

综上所述，当横向兼并的两家单一产品厂商的产品是替代品时，如果横向兼并（1）不能产生成本协同作用导致边际成本下降；（2）不会引发潜在进入者的进入；（3）不会引发其他厂商进行改变消费者对产品偏好的投资，横向兼并必然增强兼并参与者的单边势力，导致两种产品的价格全部上涨，消费者福利受损。反之，当两家单一产品厂商的产品是互补品时，横向兼并将导致两种产品的价格全部下降。

进一步讲，由（3－53）、（3－54）和（3－55）式可以得到价格变化的幅度：

$$\frac{\Delta p_i}{p_i^{before}} = \frac{\Delta m_i}{1 - m_i^{post}} = \frac{p_j^{post} m_j^{post} d_{ij}}{p_i^{post}(1 - m_i^{post})} \tag{3-56}$$

在对称情形下，$m_i^{before} = m_j^{before} = m$，$d_{ij} = d_{ji} = d$，Farrell（1996）证明，上式可以简化为：

$$\frac{\Delta p_i}{p_i^{before}} = \frac{md}{1 - m - d} \tag{3-57}$$

从（3－57）式可以看出，当两家单一产品厂商进行横向兼并时，价格的变化幅度取决于分流率和厂商的市场势力。厂商的市场势力越大，价格变动幅度越大；分流率越大，价格变动幅度越大。为了更清楚地说明这一点，我们举一个线性需求的例子：

假设市场上有两种可以相互替代的差异性产品 1 和产品 2，产品 1 和产品 2 的边际成本相等（$c_1' = c_2' = c'$）且分别由寡头厂商 1 和 2 生产。产品的需求函数为 $q_i = a - p_i + dp_j$。令厂商 1 和厂商 2 合并为独家垄断厂商 M。在成本对称的条件下，令兼并前的价格为 $p_1^{before} = p_2^{before} = p_B$，边际利润率为 $m_1^{before} =$

$m_2^{before} = m_B$，兼并后的垄断价格为 $p_1^{post} = p_2^{post} = p_M$。则兼并导致的价格上涨幅度①为：

$$\eta = \frac{p_M - p_B}{p_B} = \frac{d}{2(1-d)} \frac{p_B - c'}{p_B} = \frac{d}{2(1-d)} m_B \tag{3-58}$$

分别令 d 和 m_B 取不同的值，然后比较不同的分流率和边际利润率或市场势力对价格上涨幅度的影响，我们可以得到表 3－1 中结果。

表 3－1　　分流率和边际利润率导致的价格上涨幅度

η 值（%）		d 值									
		5%	10%	20%	30%	40%	50%	60%	70%	80%	90%
m_B 值	5%	0.13	0.28	0.63	1.07	1.67	2.50	3.75	5.83	10.00	22.50
	10%	0.26	0.56	1.25	2.14	3.33	5.00	7.50	11.67	20.00	45.00
	15%	0.39	0.83	1.88	3.21	5.00	7.50	11.25	17.50	30.00	67.50
	20%	0.53	1.11	2.50	4.29	6.67	10.00	15.00	23.33	40.00	90.00
	25%	0.66	1.39	3.13	5.36	8.33	12.50	18.75	29.17	50.00	112.50
	30%	0.79	1.67	3.75	6.43	10.00	15.00	22.50	35.00	60.00	135.00
	35%	0.92	1.94	4.38	7.50	11.67	17.50	26.25	40.83	70.00	157.50
	40%	1.05	2.22	5.00	8.57	13.33	20.00	30.00	46.67	80.00	180.00
	45%	1.18	2.50	5.63	9.64	15.00	22.50	33.75	52.50	90.00	202.50
	50%	1.32	2.78	6.25	10.71	16.67	25.00	37.50	58.33	100.00	225.00
	60%	1.58	3.33	7.50	12.86	20.00	30.00	45.00	70.00	120.00	270.00

从表 3－1 可以直观地看出：（1）给定分流率 d 的值不变，产品的边际利润率 m_B 的值越高，兼并导致的价格上涨幅度就越高；例如，当 $d = 20\%$ 时，如果 $m_B = 30\%$，兼并将会导致价格上涨 3.75%；如果 m_B 上升至 35%，则兼并后的价格将上涨 4.38%。（2）给定产品边际利润率 m_B 的值不变，分流率的值越大，兼并导致的价格上涨幅度就越高。例如，当 $m_B = 30\%$ 时，如果 $d = 30\%$，兼并将导致价格上涨 6.43%，而如果 d 上升为 40%，则兼并后的价

① 推导过程见本章第一节。

格将会上涨10%。

（三）维持横向兼并前竞争价格所需的效率改进幅度

要想让横向兼并后的市场均衡价格维持在兼并前的均衡水平，横向兼并必须要获得一定的效率改进，从而可以降低边际成本，抵消因产量缩减导致的价格上涨效应。那么，以边际成本下降幅度衡量的效率改进需要多大才能使兼并后的价格维持在兼并前的水平呢？Werden（1996）① 对此进行了论证。

令 $\overline{mc_i}$ 表示产品 i 的边际成本（$c_i' \equiv mc_i$）下降幅度，则 $\overline{mc_i}$ 可以表示为：

$$\overline{mc_i} = \frac{mc_i^{before} - mc_i^{post}}{mc_i^{before}} = \frac{m_i^{post} - m_i^{before}}{1 - m_i^{before}} \tag{3-59}$$

当兼并后的均衡价格维持在兼并前的水平时，均衡条件（3－52A）和（3－52B）中的自需求弹性 ε_{ii} 和 ε_{jj}、分流率 d_{ij} 和 d_{ji} 分别保持不变，从而，均衡条件（3－52A）就可以改写为：

$$m_i^{post} = \frac{m_i^{before} + m_j^{before} d_{ji} p_j^{before} / p_i^{before}}{1 - d_{ij} d_{ji}} \tag{3-60}$$

将（3－60）式代入（3－59）式，就可以得到维持价格不变所需的成本下降幅度或效率改进幅度：

$$\overline{mc_i} = \frac{m_i^{before} d_{ij} d_{ji} + m_j^{before} d_{ji} p_j^{before} / p_i^{before}}{(1 - m_i^{before})(1 - d_{ij} d_{ji})} \tag{3-61}$$

在对称情形下②，$m_i^{before} = m_j^{before} = m$，$p_i^{before} = p_j^{before}$，$d_{ij} = d_{ji} = d$，上式可以简化为：

$$\overline{mc_i} = \frac{md}{(1 - m)(1 - d)} \tag{3-62}$$

显然，将价格维持在兼并前的均衡价格水平所需的边际成本下降幅度与两种产品的边际利润率和分流率成正比。分流率越大，意味着两种产品间的竞争越激烈，因而将兼并后价格维持在兼并前的均衡竞争价格需要的效率改

---

① Werden, G. J. A Robust Test for Consumer Welfare Enhancing Mergers among Sellers of Differentiated Products [J]. *The Journal of Industrial Economics*, 1996, 44 (4): 409－413.

② Werden（1998）还证明，如果以边际成本缩减额与兼并前的均衡价格相比，则对称情形下的成本下降幅度为 $md/(1-d)$。

进程度就越高；产品的边际利润率越大，可以认为产品的差异性越大，恢复竞争价格所需的效率改进程度就越高。表 3－2 给出了对称条件下不同的分流率和边际利润率所需的效率改进程度。

表 3－2　不同的分流率和边际利润率所需要的边际成本下降幅度

$\overline{mc}$ 值（%）		m 值						
		20%	25%	30%	40%	50%	60%	70%
D 值	5%	1.3	1.8	2.3	3.5	5.3	7.9	12.3
	10%	2.8	3.7	4.8	7.4	11.1	16.7	25.9
	15%	4.4	5.9	7.6	11.7	17.7	26.5	41.2
	20%	6.3	8.3	10.7	16.7	25.0	37.5	58.3
	25%	8.3	11.1	14.3	22.2	33.3	50.0	77.8

二、福利效应

上面证明了没有效率改进或提升的横向兼并将导致兼并厂商的两种产品的价格全部上涨。那么，价格的上涨是否会造成社会福利的损失呢？由于社会福利的计算依赖于特定的需求条件，为简化分析，我们仅考虑线性需求这种情况。①

假设行业中有 3 家生产单一产品的厂商，各厂商的边际成本固定不变且同为 $c(c>0)$，在对称情况下，产品间的替代性相同，即 $d_{12}=d_{13}=d_{23}=d_{21}=d_{31}=d_{32}=d(d>0)$。消费者的拟线性效用函数（quasilinear utility function）

① 对 logit 需求以及其他需求单边效应的分析，参阅 Werdenh 和 Froeb（1994）和 Crooke et al.（1999）。Werdenh 和 Froeb（1994）运用 logit 需求函数分析了差异性产品横向兼并的福利效应（参见 Werden，G. J. and Froeb，L. M. The Effects of Mergers in Differentiated Products Industries：Logit Demand and Merger Policy [J]. *Journal of Law，Economics，& Organization*，1994，10（2）：407－426）；Crooke et al.（1999）则进一步分析了不同需求条件下横向兼并的单边效应（参见 Crooke，P.，Froeb，L.，Tschantz，S.，Werden，G. J. The effects of assumed demand form on simulated post－merger equilibria [J]. *Review of Industrial Organization*，1999，15：205－217）。

为：

$$u = q_0 + u(q_1, q_2, q_3) = q_0 + \sum_{i=1}^{3} q_i - \frac{b-d}{2}\sum_{i=1}^{3} q_i^2 - \frac{d}{2}\left(\sum_{i=1}^{3} q_i\right)^2 \quad (3-63)$$

考虑效用最大化问题，即：

$$\max_{q_0, q_1, q_2, q_3} [q_0, u(q_1, q_2, q_3)]$$
$$s.t. \ q_0 + p_1 q_1 + p_2 q_2 + p_3 q_3 = m \quad (3-64)$$

在预算约束等式中解出 q_0，代入目标函数，问题变为：

$$\max_{q_1, q_2, q_3} [m - (p_1 q_1 + p_2 q_2 + p_3 q_3) + u(q_1, q_2, q_3)] \quad (3-65)$$

由一阶必要条件可以得到我们熟悉的线性反需求函数：

$$p_i = \frac{\partial u}{\partial q_i} = 1 - b q_i - d\sum_{j \neq i} q_j, \ (i = 1,2,3; 1 > c; b > d) \quad (3-66)$$

进而可以得到直接需求函数：

$$q_i = \frac{1}{b-d}\left[\frac{(b-d)}{b+2d} - \frac{b+d}{b+2d} p_i + \frac{d}{b+2d}\sum_{j=1, j \neq i}^{3} p_j\right] \quad (3-67)$$

厂商 $i(i = 1,2,3)$ 的利润函数为 $\pi_i = (p_i - c) q_i$。由一阶必要条件或均衡条件 $\frac{\partial \pi_i}{\partial p_i} = 0$ 可得：

$$p_i = \frac{(b-d) + c(b+d) + d\sum_{j=1, j \neq i}^{3} p_j}{2(b+d)} \quad (3-68)$$

由对称性可得 $p_1 = p_2 = p_3 = p^{before}$，$q_1 = q_2 = q_3 = q^{before}$。因此均衡价格和均衡利润分别为：

$$p^{before} = \frac{(b-d) + c(b+d)}{2b} \quad (3-69)$$

$$q^{before} = \frac{(b+d)(1-c)}{2b(b+2d)} \quad (3-70)$$

由（3-69）和（3-70）可以推导出厂商 i 的均衡利润 π_i、消费者剩余 $CS^{before} = u(q^{before}) - 3p^{before} q^{before}$ 以及社会总剩余 $W^{before} = CS^{before} + \sum_{i=1}^{3} \pi_i$：

$$\pi_i = \frac{(b^2 - d^2)(1-c)^2}{4b^2(b+2d)} \quad (3-71)$$

$$CS^{before} = \frac{3(b+d)^2(1-c)^2}{8b^2(b+2d)} \tag{3-72}$$

$$W^{before} = \frac{3(b+d)(1-c)^2(3b-d)}{8b^2(b+2d)} \tag{3-73}$$

假设厂商1和厂商2合并，合并后的实体为M。此时，实体M生产两种商品，它追求两种产品的联合利润的最大化；厂商3生产一种产品，利润函数性质不变。二者的利润函数分别为：

$$\pi_M = \frac{1}{(b-d)(b+2d)}\sum_{i=1}^{2}(p_i - c)[b - d - (b+d)p_i + d\sum_{j=1,j\neq i}^{3}p_j] \tag{3-74}$$

$$\pi_3 = \frac{1}{(b-d)(b+2d)}(p_3 - c)[b - d - (b+d)p_3 + d(p_1 + p_2)] \tag{3-75}$$

令一阶导数等于零，可以得到一阶必要条件：

$$b - d - 2(b+d)p_i + 2dp_j + dp_3 + bc = 0,\ i,j = 1,2;i \neq j \tag{3-76}$$

$$b - d + dp_1 + dp_2 - 2(b+d)p_3 + c(b+d) = 0 \tag{3-77}$$

根据对称性易知$p_1 = p_2 = p_M$，将之代入一阶必要条件可得合并后的均衡价格p_M^{post}和p_3^{post}：

$$p_M^{post} = \frac{2b^2(1+c) + d(b+cd) + 3d(bc-d)}{2[2b(b+d) - d^2]} \tag{3-78}$$

$$p_3^{post} = \frac{b^2(1+c) - d(d-2bc)}{2b(b+d) - d^2} \tag{3-79}$$

由（3-78）和（3-79）式可以进一步推导出合并后的均衡产量：

$$q_1^{post} = q_2^{post} = q_M^{post} = \frac{b(1-c)(2b+3d)}{2(b+2d)[2b(b+d) - d^2]} \tag{3-80}$$

$$q_3^{post} = \frac{(1-c)(b+d)^2}{(b+2d)[2b(b+d) - d^2]} \tag{3-81}$$

由（3-78）、（3-79）、（3-80）和（3-81）式可以推导出合并实体M和厂商3的均衡利润π_M^{post}和π_3^{post}、消费者剩余$CS^{post} = u(q_M^{post}, q_3^{post}) - 2p_M^{post}q_M^{post} - p_3^{post}q_3^{post}$以及社会总剩余$W^{post} = CS^{post} + \pi_M^{post} + \pi_3^{post}$：

$$\pi_M^{post} = \frac{b(b-d)(1-c)^2(2b+3d)^2}{2(b+2d)[2b(b+d) - d^2]^2} \tag{3-82}$$

$$\pi_3^{post} = \frac{(b-d)(1-c)^2(b+d)^3}{(b+2d)[2b(b+d)-d^2]^2} \tag{3-83}$$

$$CS^{post} = \frac{b(1-c)^2(b+d)(6b^3+26b^2d+35bd^2+14d^3)}{4(b+2d)^2[2b(b+d)-d^2]^2} \tag{3-84}$$

$$W^{post} = \frac{(1-c)^2[18b^4+44b^3d+15b^2d^2-19bd^3-4d^4]}{4(b+2d)[2b(b+d)-d^2]^2} \tag{3-85}$$

比较兼并前后的外部厂商的利润变化 $\Delta\pi_3 = \pi_3^{post} - \pi_3^{before}$ 与社会福利变化 $\Delta W = W^{post} - W^{before}$：

$$\Delta\pi_3 = \frac{(1-c)^2(b^2-d^2)d^2(4b^2+4bd-d^2)}{4b^2(b+2d)[2b(b+d)-d^2]^2} > 0 \tag{3-86}$$

$$\Delta W = \frac{(1-c)^2d(3d^5-18bd^4+7b^2d^3+22b^3d^2-6b^4d-8b^5)}{8b^2(b+2d)[2b(b+d)-d^2]^2} \tag{3-87}$$

令 $f(d) = 3d^5 - 18bd^4 + 7b^2d^3 + 22b^3d^2 - 6b^4d - 8b^5$。显然 ΔW 值的符号取决于 $f(d)$ 的符号。而 $f(d) = (d-b)^2(3d^3 - 6b^3 - 12bd^2 - 20b^2d) + 2b^4(d-b) < 0$，所以社会福利水平下降了。

以上分析表明，在线性需求条件下，如果单一产品厂商间的横向兼并不能获得效率改进，兼并将对外部厂商产生正的外部性①，导致外部厂商的利润增加，但是生产厂商盈利的增加并不足以抵补消费者福利的损失，从而整个社会的福利水平是下降的。②

① Deneckere 和 Davidson（1985）将此归因于厂商向上倾斜的反应曲线，即厂商间的行动是战略互补的。有意思的是，Deneckere 和 Davidson 认为，由于未参与兼并的厂商会比兼并参与厂商获得更多利润，这就会产生"搭便车"现象，进而出现"兼并悖论"——谁会去发起兼并？因为每一个厂商都宁愿作为"局外人"享受更多的收益而非作为"局中人"去发起兼并（参见 Deneckere，R. and Davidson，C. Incentives to Form Coalitions with Bertrand Competition［J］. *The RAND Journal of Economics*，1985，16：473－486）。

② 基于 Shubik 和 Levitan（1980）的差异化产品效用函数，莫塔（2006）证明，当横向兼并使兼并厂商获得的效率改进足够大时，兼并不仅可以提高社会福利水平，还可以提高消费者福利水平（参见马西莫·莫塔著：《竞争政策——理论与实践》，上海财经大学出版社 2006 年版，第 120—137 页）。

第四节 反垄断政策启示

在未参与兼并的竞争者不改变自身战略的情形下，如果竞争者之间的横向兼并导致兼并后厂商的市场势力增强，并运用其市场势力采取索取高价、减少产量或者其他减少竞争强度的行为，就形成了横向兼并的单边效应。单边效应的反竞争性主要源于横向兼并将本来是竞争关系的兼并参与厂商之间的竞争内部化，缓和了竞争。

尽管同质品古诺行业和差异性产品 Bertrand 行业中的横向兼并对社会总福利的影响不尽相同，但在没有效率改进的情形下，横向兼并必然产生单边效应问题——横向兼并导致兼并后的均衡价格上涨和消费者福利受损，并有可能造成整个社会福利水平的下降。

具体而言，基于同质品古诺产量竞争模型的分析表明，横向兼并将增强兼并厂商的单边市场势力，导致兼并厂商缩减产量，推动价格上涨。作为对兼并厂商减产的理性反应，外部厂商将增加产量，带动价格下降。但总的效应是兼并后的行业均衡产量下降，均衡价格上升。而均衡价格的上涨幅度取决于兼并厂商的市场份额、成本、市场进入条件、买方势力、需求条件等一系列因素。一般而言，兼并厂商的市场份额越大，外部厂商产量扩张的能力就越小，均衡价格上涨的幅度越大，反竞争效应越强；有效的进入将抑制兼并的价格上涨效应。但进入的便利性取决于沉淀成本和进入壁垒的大小。沉淀成本越大，进入壁垒越高，进入就越困难，对横向兼并的价格抑制效应就越小，反之亦然；买方势力越强，厂商提价的能力就越弱，横向兼并的价格上涨效应就越小。但如果进行兼并的厂商是下游厂商，兼并厂商的买方势力越强，从上游厂商处获取价格折扣或其他优惠措施的可能性就越大，就越有可能获得成本竞争优势，削弱兼并厂商涨价动机；需求弹性越大，厂商提价的能力越弱，横向兼并的价格上涨效应就越小。尽管没有效率提升或改进的横向兼并导致价格上涨和消费者福利受损，但未必一定会造成社会整体福利的下降。当外部厂商因横向兼并而扩张的产量够大时，整个社会福利是增加了而非下降了。

与古诺模型的分析结果基本一致，基于差异性产品 Bertrand 价格竞争模型的分析也表明，在没有效率改进、引发潜在进入以及其他厂商进行投资并改变消费者偏好的情况下，横向兼并必然导致参与兼并厂商的全部产品价格上涨，增加外部厂商的盈利水平。价格上涨的幅度主要取决于产品的边际利润率和分流率。边际利润率越高，兼并后的均衡价格上涨幅度就越大；分流率越高，兼并后的均衡价格上涨幅度就越大。

尽管没有效率改进的横向兼并必然导致价格上涨和消费者福利受损，但是，如果横向兼并可以使兼并厂商获得效率改进或提升，情况就会变得不一样。当兼并厂商可以从横向兼并中获得足够大的效率改进时，横向兼并不仅可以增加社会整体福利，还能够降低兼并后的均衡价格，增加消费者福利。这就意味反垄断当局必须要综合运用市场份额、需求弹性、市场进入条件、买方势力等诸多影响单边效应的因素，在重点关注大厂商间横向兼并的同时，审慎地判断横向兼并可能产生的效率改进。如果一起横向兼并不能产生协同效应或降低成本，应该直接予以禁止；反之，如果能够产生成本协同效应，反垄断当局需要进一步评估兼并厂商的效率改进是否可以大到足以增进社会整体福利，是否足以使兼并后的均衡价格下降。（1）如果一起横向兼并不仅可以使消费者受益，还能增加社会整体福利，则应该无条件予以批准；（2）如果一起横向兼并不能够增加消费者福利，则需要反垄断当局在生产厂商盈利增加与消费者福利下降之间进行权衡，考虑是无条件批准还是有条件批准。

值得指出的是：（1）反垄断政策不应该保护低效的竞争者，而应该是致力于保护竞争和消费者；（2）如果横向兼并显著改变市场结构，反垄断当局应当认真考虑是否有别的途径来获得效率的改进。如果只能通过横向兼并才能获得效率改进，则应审慎地判断市场进入条件及潜在进入者进入的可能性，审慎地判断兼并的效率与可能引发的竞争问题，如合谋问题（有关横向兼并对合谋的影响见第四章）。必要的情况下，可以采取资产剥离等补救措施来消除横向兼并的反竞争效应，恢复市场竞争（有关补救措施见第六章）。

附　　录

命题： 如果一项横向兼并不能产生协同效应，那么，横向兼并会导致价格上涨。

证明： 因为价格与产量呈反比关系，所以，要想证明兼并引致价格上涨，只要证明兼并导致行业总产量下降即可。由于行业总产出的变化方向与某一厂商 i 的产量变化方向一致，故只要证明合并实体的产量将低于兼并参与厂商在兼并前古诺均衡下的产量和即可。我们分四个步骤来证明。

步骤1：令兼并前厂商 $i(i=1,\cdots,n)$ 的产出和行业总产出分别为 $\overline{q_i}$ 和 $\overline{Q}$。为了简化证明，假设（1）只有两个厂商参与兼并，分别令其为厂商1和厂商2；（2）未参与兼并的厂商的产量 Q_{out} 保持不变。因此，价格就可以简化为厂商1和厂商2的产量的函数 $p=p(q_1+q_2)$。

步骤2：我们来证明在厂商1和厂商2追求联合利润最大化的条件下，两厂商的不可能同时增加产量，即 $q_i>\overline{q_i}(i=1,2)$ 不成立。

当厂商1和厂商2追求联合利润最大化时，

$$(q_1+q_2)p(q_1+q_2)-c_1(q_1)-c_2(q_2)\geqslant(\overline{q_1}+\overline{q_2})p(\overline{q_1}+\overline{q_2})-c_1(\overline{q_1})-c_2(\overline{q_2}) \tag{3-87}$$

当其他厂商产量维持不变时，厂商1或厂商2单独调整产量的所获得利润不会高于古诺均衡状态下的利润，即：

$$\overline{q_1}p(\overline{q_1}+\overline{q_2})-c_1(\overline{q_1})\geqslant q_1p(q_1+\overline{q_2})-c_1(q_1) \tag{3-88}$$

$$\overline{q_2}p(\overline{q_1}+\overline{q_2})-c_2(\overline{q_2})\geqslant q_2p(\overline{q_1}+q_2)-c_2(q_2) \tag{3-89}$$

将（3-87）与（3-88）和（3-89）相比较，可得：

$$(q_1+q_2)p(q_1+q_2)\geqslant q_1p(q_1+\overline{q_2})+q_2p(\overline{q_1}+q_2) \tag{3-90}$$

显然，公式（3-90）只有在 $q_1=\overline{q_1}$ 且 $q_2=\overline{q_2}$ 才成立，而在 $q_i>\overline{q_i}(i=1,2)$ 时不成立。不失一般性，假设 $q_1\leqslant\overline{q_1}$。

步骤3：令 q_2^m 为 q_1 和 Q_{out} 给定条件下厂商2利润最大化时的产量。由于 $q_1\leqslant\overline{q_1}$ 且未参与兼并的厂商的产量和 Q_{out} 保持不变，所以必然有 $q_2^m\geqslant\overline{q_2}$，以及 $q_1+q_2^m\leqslant\overline{q_1}+\overline{q_2}$。

步骤4：如果 $q_1 > 0$，给定厂商1的产出，当厂商2最大化联合利润时，它将生产严格少于其最大化自身利润时的产量，即 $q_2 < q_2^m$，因为 q_2 的任何增加都将减少厂商1的利润。利用步骤3的结论可得 $q_1 + q_2 < \overline{q_1} + \overline{q_2}$。如果 $q_1 = 0$，则 $q_2 = q_2^m$，由于行业总产量的变动方向与行业内任一厂商的产量变动方向相同，但幅度较小，所以，$q_2^m < \overline{q_1} + \overline{q_2}$。证毕。

第四章

横向兼并的协调效应

除单边效应外，横向兼并还有可能产生协调效应。在厂商间重复作用且有可能达成默契合谋的情况下，Davidson 和 Deneckere（1984）指出："横向兼并是一把双刃剑，它一方面直接弱化了兼并厂商背叛默契合谋协议的动机，另一方面却提高了厂商在合谋失败后的利润，从而间接地增加了厂商背叛合谋协议的诱惑力，尤其是对未参与兼并的厂商而言。"①

第一节 协调效应

横向兼并的反竞争效应主要体现在两个方面：一是横向兼并可能会产生单边效应。由于横向兼并减少了行业内竞争厂商的数量，增强了合并厂商的市场势力，导致合并厂商有能力单方面运用市场势力提高产品价格，这不仅使消费者福利受损，还有可能降低整个社会福利水平。二是横向兼并可能会

① Davidson, C. and Deneckere, R. Horizontal Mergers and Collusive Behavior [J]. *International Journal of Industrial Organization*, 1984, 2: 117 - 132.

产生协调效应。那么，什么是横向兼并的协调效应？简单地说，横向兼并通过对行业结构和资产分布的改变有可能造就有利于行业内厂商合谋的条件——主要体现为可能会增加行业内剩余厂商在理性预期的基础上协调它们行动的动机，这种有利于行业内厂商合谋的效应就是横向兼并的协调效应。

20 世纪 90 年代以来，横向兼并的协调效应日益受到欧美国家反垄断当局的密切关注。例如，美国《横向兼并指南》明确规定："不允许兼并产生创造、增强厂商市场势力或有利于厂商市场势力实施的效果……在少数厂商拥有绝大部分产品市场份额的情形下，这些少数厂商能够以公开或隐蔽的方式协调它们的行动，以实现近乎垄断者的绩效。"① 但在反垄断实践中，各国对横向兼并协调效应的分析方法和定义却不尽相同。美国是以"实质性减少竞争（SLC）"② 标准来直接分析横向兼并的协调效应，并将协调效应的特征描述为："使厂商能够在相关市场上更有可能、更加成功和更完全地协调相互间的行动，从而削弱市场竞争，对消费者造成伤害。"③ 而欧盟和加拿大却采用"联合占优"的概念④来分析横向兼并的协调效应。欧盟将联合占优解释为"横向兼并很可能导致行业内出现合谋的结局"。

尽管横向兼并的协调效应被欧美国家反垄断当局广为重视并付诸实践，但迄今为止，与各国的反垄断司法解释不尽相同的情况相类似，理论界也没有对横向兼并的协调效应形成一个统一的定义。一种较为流行的观点是将横向兼并的协调效应定义为横向兼并对（公开或默契）合谋动机的影响（Kühn，2007）⑤；另一种略有区别的定义把横向兼并的协调效应描述为横向

---

① U. S. Department of Justice, Antitrust Division: *1984 Horizontal Merger Guidelines*, at § 1.

② 有关 SLC 的详细解释见本书第 133 页脚注①。

③ U. S. Department of Justice and the Federal Trade Commission. *Horizontal Merger Guidelines*, Section 2.1.

④ 欧盟委员会在对 Nestle/Perrier 一案的调查中第一次提出并运用了联合占优概念，并在随后的 Kali und Salz、Gencor/Lonrho 以及 Airtours/First Choice 等案例中陆续运用了联合占优概念进行了相应的调查和裁决（参见 Nestlé/Perrier（Case No. IV/M. 190）［1992］O. J. L356/1.；Kali und Salz/MdK/Treuhand（Case No. IV/M. 308）［1994］O. J. L186/38.；Gencor/Lonrho（Case No. IV/M. 619）［1997］O. J. L11/30.；Airtours/First Choice（Case No. IV/M. 1524）［2000］O. J. L93/1）。

⑤ Kühn, K. - U. The Coordinated Effects of Mergers. In *Handbook of Antitrust Economics*. Cambridge: MIT Press. 2007: 105 - 144.

兼并对合谋可能性的影响（Kaplow and Shapiro，2007）；还有一种较窄的定义是将横向兼并对默契合谋的影响称之为协调效应（Whinston，2007）[①]。显然，上述三种定义并没有本质上的区别，都侧重于考察横向兼并对行业内厂商合谋动机、合谋范围和合谋可维持性的影响。这样，基于超级博弈或无限次动态博弈的寡占理论或标准合谋理论就成为分析横向兼并协调效应的理论基础。[②] 然而，需要指出的是：只有那些研究结论能够揭示出横向兼并导致厂商行为变化的理论和实证分析才与协调效应有关。

寡占理论或标准合谋理论目前达成的共识是：（1）成功合谋的要素主要包括：达成一致、背离行为的可观测性、有效的惩罚机制、足够的参与者和一定的进入壁垒；（2）集中、对称性、剩余产能、沟通、多市场关系、产品的同质性、竞争对手间交叉持股等因素有利于行业内厂商间的合谋。[③] 按照标准合谋理论的逻辑，在其他条件不变的情况下，两个重要供应商间的横向兼并将显著增加市场上剩余厂商达成合谋协议的可能性。一种可能是横向兼并造就了一个明显的扮演价格领导者的市场领导者，由它来设立或调整合谋价格，其他厂商跟进。尤其是当一个想要加入合谋计划的厂商被另一个更大的或者更乐于参与合谋的厂商所兼并时，合谋将变得更为容易；另一种可能是横向兼并减少了市场内相互作用的厂商数量，降低了达成合谋协议的难度。同样的道理，横向兼并还可以使得合谋结果易于维持。由于拥有大市场份额的厂商要比小厂商从背离合谋协议中得到的更少，至少对兼并参与者而言，

---

① Whinston, Michael D. Antitrust Policy toward Horizontal Mergers. In: *Handbook of Industrial Organization*, Elsevier B. V., 2007: 2369 - 2440.

② 例如，德国的反垄断实践就是以寡占理论为指导的。德国《兼并指南》中明确指出："寡头间的竞争是一种行动与反应的战略博弈。在这种背景下，现代寡占理论很大程度上是建立在产业经济学中的博弈论基础之上……博弈论考虑了其他市场参与者在同一时间也在行动并影响市场进程的这一事实。因此，博弈论假设每一个市场参与者遵循其最优战略——对其他市场参与者最优战略的最佳反应……这种市场参与者间的相互作用一方面可能会导致竞争加剧，引发价格下降、产品和流程创新，另一方面也可能导致长期的价格刚性、将竞争转移到没有任何技术进步的广告和产品差异化方面。"（参见 German Guidelines，§ II. A. 1.）

③ 有关成功合谋的条件以及促进合谋的条件的因素分析参见泰勒尔（1997）、马丁（2003）、Ivaldi et al.（2003）（Ivaldi et al., 2003. The Economics of Tacit Collusion. Available at: http: //citeseerx. ist. psu. edu/viewdoc/download? doi = 10. 1. 1. 123. 7512&rep = rep1&type = pdf）、莫塔（2006）、Kaplow 和 Shapiro（2007）。上述文献均对合谋理论进行了系统的总结与论述。

一项显著增加市场集中度的横向兼并将使背离合谋价格变得没有吸引力。这也是20世纪80年代美国反垄断当局禁止导致高度集中的横向兼并的缘由[①]，其结果是当时大多数行业内有效率的大厂商基本上都是通过内部增长而非横向兼并形成的。然而，上述基于成本对称的结论在成本不对称性情形下却不再成立。Compte、Jenny 和 Rey （2002）[②]、Kühn （2004） 和 Vasconcelos (2005)[③] 的研究表明，大厂商间的横向兼并通常会削弱合并厂商合谋的动机，换言之，大厂商间的横向兼并的协调效应实际上可能比反垄断当局认为的要小得多。

第二节 基于同质品古诺模型的协调效应

标准合谋理论认为在对称条件下，尤其是成本对称的大厂商间的横向兼并将有利于行业内厂商间的合谋。然而，在兼并前市场存在部分合谋的情形下，如果横向兼并不能产生协同效应或不能给兼并厂商带来效率改进时，厂商一般没有兼并的动机。即便在特定条件下厂商发起了兼并，兼并的结果也

---

① 大多数国家也采用了与美国相类似的做法。具体的做法又分为两类：一种是假定当市场集中度达到一定程度时就是违法，如巴西；另一种设定了一个集中度的“安全港”指标，低于该指标的兼并被认为不大可能产生严重的竞争问题，如新西兰。实践中通常运用三种衡量集中度的指标来作为判定是否可能存在协调效应的工具。（1） 兼并厂商的市场份额。罗马尼亚的兼并指南中规定：如果合并实体在兼并后市场上的市场份额超过15%，就有可能产生协调效应；（2） CR 指标，如 CR4、CR8。澳大利亚兼并指南规定：如果一项横向兼并导致 CR4 超过75%且合并实体的市场份额超过15%，就应该对该项兼并是否会产生协调效应进行详细调查；（3） HHI 指数。其中，HHI 指数运用的最为普遍，美国和欧盟均采用该指标来衡量市场集中度，作为对横向兼并初步审查的重要的依据（参见 Brazilian Guidelines：48；New Zealand Guidelines，§ 4.4.；Romanian Guidelines，§ 3.；Australian Guidelines，p5.95.；U.S. Guidelines，§ 1.51 （c）.；EC Guidelines：19 - 20）。

② Compte，O.，Jenny，F. and Rey，P. Capacity Constraints，Mergers and Collusion [J]. *European Economic Review*，2002，46：1 - 29.

③ Vasconcelos，H. Tacit Collusion，Cost Asymmetries，and Mergers [J]. *The RAND Journal of Economics*，2005，36，No.1：39 - 62.

不利于默契合谋的维持；进一步，在成本不对称情形下，增加厂商间成本不对称的横向兼并不利于默契合谋的维持，而增加厂商间成本对称的横向兼并则有利于默契合谋的维持。

一、成本对称情形下的横向兼并对默契合谋的影响

由于大多数国家都禁止公开合谋，所以，我们在此仅仅考虑横向兼并对默契合谋的影响。在厂商成本对称（边际成本固定不变，固定成本为零）的情形下，马丁（2003）[①] 证明，无论是运用扳机策略还是胡萝卜加大棒策略，随着厂商数量的减少，用于维持非合作性合谋的联合利润最大化的利息率范围也相应增大，这意味着横向兼并将有利于合谋的维持；Marc Escrihuela - Villar（2007）[②] 进一步研究了兼并前市场存在部分合谋的情形下横向兼并对合谋的影响，结果发现在扳机策略下，横向兼并与完美合谋（perfect collusion）之间并不存在明确的关系，而且，相对于边缘竞争厂商而言，参与部分合谋的厂商的兼并动机较小。由于扳机策略的要求太过严格，只要有一次背叛，所有参与合谋的厂商在以后的时期均永久性地回复到古诺均衡产量，没有悔过的机会，惩罚太过冷酷。而且，一旦厂商抱有违背合谋的行为会得到其他参与者谅解的期盼时，惩罚威胁就变得不再可信，从而合谋解也难以维持。相对于扳机策略，包含有谅解行为的胡萝卜加大棒（carrot - and - stick）策略包含更严厉同时也是更一般的可信威胁，可有效扩大合谋的可能集合，所以，本书进一步运用胡萝卜加大棒策略来考察部分合谋情形下横向兼并对默契合谋的影响。

（一）模型及基本假设

考虑一个 N（$N \geqslant 2$）家寡占厂商生产同质产品的行业存在部分合谋的情形。假设：（1）厂商拥有相同的技术，即所有厂商拥有相同的不变边际成本 c

① 斯蒂芬·马丁著：《高级产业经济学》，上海财经大学出版社 2003 年版，第 296 - 298 页。

② Marc Escrihuela - Villar. Partial Coordination and Mergers among Quantity - setting Firms [J]. *International Journal of Industrial Organization*, 2007, 26: 803 - 810.

($c > 0$)。同时，不失一般性，假定固定成本为零；(2) 行业的反需求函数为线性函数：

$$p(Q) = a - bQ \tag{4-1}$$

其中 Q 为行业产量，$b > 0$，$a > c > 0$；(3) 行业内 M 个厂商参与限制产量的默契合谋[①]，通过限制产出来实现联合利润最大化，剩余 $N - M$ 个边缘竞争厂商构成一个边缘群体。边缘群体中的每一厂商都是古诺产量设定寡头，它们将限制产量的厂商群体的产出视为固定，藉此来决定自己的利润最大化产量，即每个边缘厂商沿着下述最佳反应曲线选择产量：

$$q_j = \frac{1}{2}(S - Q_M - Q_{F-j}) \tag{4-2}$$

其中，$S = \frac{a-c}{b}$，$F = N - M$，Q_M 表示合谋厂商的总产量，Q_{F-j} 表示除厂商 j 外的边缘竞争厂商的总产量；而限制产量群体则在考虑了边缘性竞争厂商群体反应的基础上，通过生产一个 Stackelberg 产量领导者的产量来实现联合收益最大化；(4) 厂商间进行无穷次重复博弈，即 $t = 1, 2, \cdots$；在每一个阶段博弈结束时，所有厂商都可以观测到其他厂商的在上一次博弈中的行动；同时，厂商具有相同的连续利润流的贴现因子 $\delta(0 < \delta < 1)$，$\delta = e^{-rt}$；由模型假设可知，在均衡条件下，边缘竞争厂商的产量是对称相等的，因此，由公式 (4-2) 易知均衡状态下单个边缘竞争厂商的产出和边缘竞争厂商的总产出分别为：

$$q_{fringe} = \frac{S - Q_M}{F + 1},\ Q_{N-M} = \frac{F(S - Q_M)}{F + 1} \tag{4-3}$$

将 (4-3) 带入 (4-1)，可得到合谋厂商的剩余需求曲线：

$$p = c + \frac{b}{F+1}(S - Q_M) \tag{4-4}$$

在剩余曲线曲线 (4-4) 给定的情况下，每个合谋厂商的利润最大化产出和合谋总产出分别为：

---

① 之所以以外生的形式给定 m 家厂商参与合谋形成一个卡塔尔，是因为内生形成的卡塔尔其稳定性要求至少行业内一半以上的厂商参与，这个条件太强（参见 Shaffer, S. Stable cartels with a Cournot fringe [J]. *Sounthern Economic Journal*, 1995, 61: 744-754）。

$$q_{collusion}=\frac{S}{2M},\ Q_M=\frac{S}{2} \tag{4-5}$$

将（4－5）式分别代入（4－3）和（4－4）式，可以得到单个边缘竞争厂商的均衡产出和行业的均衡价格：

$$q_{fringe}=\frac{S}{2(F+1)} \tag{4-6}$$

$$p=c+\frac{bS}{2(F+1)} \tag{4-7}$$

进而，均衡状态下，单个合谋厂商和边缘厂商的利润分别为：

$$\pi_{collusion}(N,M)=\frac{bS^2}{4M(F+1)} \tag{4-8}$$

$$\pi_{fringe}(F)=\frac{bS^2}{4(F+1)^2} \tag{4-9}$$

此时，不存在合谋厂商背离成为边缘竞争厂商的内部稳定的充要条件和没有边缘厂商加入合谋群体的外部稳定的充要条件分别为：

$$\pi_{collusion}(N,M)\geqslant\pi_{fringe}(F+1) \tag{4-10}$$

$$\pi_{fringe}(F)\geqslant\pi_{collusion}(N,M+1) \tag{4-11}$$

将（4－8）和（4－9）式分别代入（4－10）和（4－11）式后，可以得到如下的内外部稳定性条件：

$$F+1+\frac{1}{F}\leqslant M\leqslant F+3+\frac{1}{F+1} \tag{4-12}$$

由于厂商的数量只能取整数，因此（4－12）式进一步可以表述为：

$$F+2\leqslant M\leqslant F+4 \tag{4-12*}$$

（二）"胡萝卜加大棒"策略

根据 Abreu（1986）的观点，超级博弈或无穷博弈的"胡萝卜加大棒"策略可以定义为：（1）在前 $t-1$ 个时期中，如果所有其他合谋参与者都将产量维持在一个低的合谋水平 q_{low}，则每一个参与合谋的厂商在第 t 期继续坚持生产 q_{low}；（2）一旦发现有某个厂商在 t 期背离了合谋协议，即其产量大于 q_{low}，则在随后的 $t+1$ 期，所有参与合谋的厂商将生产一个高的惩罚产量 q_{high}，然后在 $t+2$ 期又回归合谋产量 q_{low}。也就是说，一旦对背离厂商的惩罚在紧跟着背离行为发生时期的那个阶段中一次性完成，背离行动就得到了谅解；(3) 如果在惩罚阶段 $t+1$ 期中有厂商背离惩罚产量 q_{high}，则所有参与合谋的厂商在 $t+2$ 期继续选择惩罚产量 q_{high}，这个过程一直要持续到没有厂商背离惩罚产量为止。

令单个厂商的合谋收益、背离合谋收益、惩罚收益和背离惩罚收益分别为 $\pi(q_{low})$、$\pi(q_{d-low})$、$\pi(q_{high})$ 和 $\pi(q_{d-high})$，则合谋的激励相容条件和惩罚相容条件可以分别表示为：

$$\begin{cases} \delta \geqslant \dfrac{\pi(q_{d-low}) - \pi(q_{low})}{\pi(q_{low}) - \pi(q_{high})} & (4-13) \\ \delta \geqslant \dfrac{\pi(q_{d-high}) - \pi(q_{high})}{\pi(q_{low}) - \pi(q_{high})} & (4-14) \end{cases}$$

对（4－13）和（4－14）式取等号，可以得到如下方程组：

$$\begin{cases} \delta[\pi(q_{low}) - \pi(q_{high})] = \pi(q_{d-high}) - \pi(q_{high}) & (4-15) \\ \pi(q_{d-high}) - \pi(q_{high}) = \pi(q_{d-low}) - \pi(q_{low}) & (4-16) \end{cases}$$

其中，（4－15）式可以重新表述为：

$$\delta \frac{M}{F+1}(q_{high} - q_{low})\left(q_{high} + q_{low} - \frac{S}{M}\right) = \frac{(N+1)^2}{4(F+1)^2}\left(q_{high} - \frac{S}{N+1}\right)^2 \tag{4-17}$$

由（4－16）式可以得到：

$$\left(q_{high} - \frac{S}{N+1}\right)^2 = \left(q_{low} - \frac{S}{N+1}\right)^2 \tag{4-18}$$

舍弃 $q_{low} = q_{high}$ 后，（4－18）式变为：

$$q_{low} + q_{high} = \frac{2S}{N+1} \tag{4-19}$$

联立解方程组（4－19）和（4－17），可以得到：

$$q_{low} = \left[1 - 8\delta \frac{(M-F-1)(F+1)}{(N+1)^2}\right]\frac{S}{N+1} \tag{4-20}$$

$$q_{high} = \left[1 + 8\delta \frac{(M-F-1)(F+1)}{(N+1)^2}\right]\frac{S}{N+1} \tag{4-21}$$

当 $q_{low} > q_{collusion} = \frac{S}{2M}$ 时，等价地，

$$\delta < \frac{(N+1)^2}{16M(F+1)} \tag{4-22}$$

运用“胡萝卜加大棒”策略将使限制产量的合谋群体所获得的利润高于古诺行为下的利润，但并不能实现群体联合利润的最大化。反之，如果

$$\delta \geqslant \frac{(N+1)^2}{16M(F+1)} \tag{4-23}$$

“胡萝卜加大棒”策略就是使合谋群体联合利润最大化的子博弈完美均衡策略，此时，$q_{low} = q_{collusion} = S/2M$，$q_{high}$ 是 $q_{low} = S/2M$ 和（4-17）组成的方程组的解。由此，我们得到胡萝卜加大棒策略下维持联合利润最大化的默契合谋所必需的最小临界贴现值为：

$$\bar{\delta}(N,M) = \frac{(N+1)^2}{16M(F+1)} = \frac{(N+1)^2}{16M(N-M+1)} \tag{4-24}$$

（4-24）式两边对 M 求一阶偏微分，可以得到：

$$\frac{\partial \bar{\delta}}{\partial M} = \frac{16(N+1)^2(2M-N-1)}{[16M(N-M+1)]^2} \tag{4-25}$$

显然，当 $2M > N+1$ 时，（4-25）式大于零，当 $2M < N+1$ 时，（4-25）式小于零。也就是说，在 N 给定不变的情形下，当 $2M > N+1$ 时，$\bar{\delta}$ 的值随 M 的增加而上升，随 F 即 $N-M$ 的增加而下降；反之，当 $2M < N+1$ 时，$\bar{\delta}$ 的值随 M 的增加而下降，随 F 的增加而上升。

（三）“胡萝卜加大棒”策略下横向兼并的协调效应

现在，考虑不产生协同效应或不改变厂商效率的横向兼并对 $\bar{\delta}$ 的影响。首先，令参与合谋的厂商间进行横向兼并，其次，让边缘竞争厂商间进行横向兼并，最后，考虑参与合谋的厂商兼并一个边缘厂商的情形。

1. 两个参与合谋的厂商间的横向兼并

如果两个参与合谋的厂商进行横向兼并，那么，兼并后的内部和外部稳定性条件是否会发生变化？或者说，兼并是否会诱使参与合谋的厂商背叛成为边缘竞争厂商？是否会诱使边缘厂商加入合谋集团？更为关键的是参与合

谋的厂商是否具备发起横向兼并的动机？如果厂商具备兼并动机，那么，兼并对合谋的可维持性的影响如何？

首先，考察横向兼并对内部稳定性的影响。由公式（4－10）可以得到兼并后的内部稳定条件：

$$\pi_{collusion}(N-1, M-1) \geqslant \pi_{fringe}(F+1) \tag{4-26}$$

利用公式（4－8）、（4－9）以及厂商数量取整的约束，可以将（4－26）式简化为：

$$M-1 \leqslant F+4 \tag{4-27}$$

对比（4－27）和（4－12*）式，显然，只要（4－12*）式成立，（4－27）式必然成立，即横向兼并对内部稳定性条件没有影响，参与合谋的厂商不会有背离成为边缘竞争厂商的动机。

其次，考察向兼并对外部稳定性的影响。由公式（4－11）可以得到兼并后的外部稳定条件：

$$\pi_{fringe}(F) \geqslant \pi_{collusion}(N-1, M) \tag{4-28}$$

同样，利用公式（4－8）、（4－9）以及厂商数量取整的约束，可以将（4－28）式简化为：

$$F+2 \leqslant M-1 \tag{4-29}$$

对比（4－29）和（4－12*）式可以发现，横向兼并改变了外部稳定条件，特别是当 F 满足如下条件时，横向兼并将诱使一个边缘厂商加入合谋集团。

$$M-1 < F+2 \leqslant M \tag{4-30}$$

最后，考察合谋参与厂商的兼并动机以及兼并对默契合谋可维持性的影响。显然，只有当兼并有利可图时，厂商才会发起兼并，也就是说厂商发动兼并的动机应当满足兼并后的收益高于兼并前的联合收益。由于合谋参与厂商间的横向兼并对内部稳定性条件没有影响，但可能对外部稳定性构成影响，我们分两种情况来讨论厂商发起兼并的激励约束条件：（1）兼并不影响外部稳定性条件，即兼并不会引发边缘竞争厂商加入合谋集团，兼并后的市场结构是存在 $M-1$ 个合谋厂商和 F 个边缘竞争厂商。此时，$\bar{\delta}$ 值变为：

$$\bar{\delta}(N-1,M-1)=\frac{N^2}{16(M-1)(F+1)}=\frac{N^2}{16(M-1)(N-M+1)} \tag{4-31}$$

在这种情形下，厂商发起兼并的激励约束条件为：

$$\pi_{collusion}(N-1,M-1,\delta)\geqslant 2\pi_{collusion}(N,M,\delta) \tag{4-32}$$

（2）兼并改变了外部稳定性条件，即兼并诱使一个边缘厂商加入合谋集团，兼并后的市场结构是存在 M 个合谋厂商和 $F-1$ 个边缘竞争厂商，此时，$\bar{\delta}$ 值变为：

$$\bar{\delta}(N-1,M)=\frac{N^2}{16MF}=\frac{N^2}{16M(N-M)} \tag{4-33}$$

在这种情形下，厂商发起兼并的激励约束条件为：

$$\pi_{collusion}(N-1,M,\delta)\geqslant 2\pi_{collusion}(N,M,\delta) \tag{4-34}$$

利用（4-8）式分别对（4-32）和（4-34）式进行简化，可以得到如下的条件：

$$M\leqslant 2 \tag{4-32*}$$

$$M\geqslant N-1 \tag{4-34*}$$

显然，（1）只有当 $M=2$ 且 $F=0$ 时，条件（4-29）和（4-32*）才能同时得到满足，即双寡头总是具有兼并的动机；（2）只有当 $N=4$ 且 $M=3$ 时，条件（4-30）和（4-34*）才能同时得到满足，即当行业内存在 3 家参与合谋的寡占厂商和 1 家边缘竞争厂商时，参与合谋的寡占厂商才具备兼并动机，且兼并的结果是行业实现了全部合谋。此时，$\bar{\delta}(3,3)>\bar{\delta}(4,3)$，也就是说，当横向兼并改变外部稳定性条件并导致行业从部分合谋变为全部合谋时，兼并将提高“胡萝卜加大棒”策略下维持联合利润最大化的默契合谋所必需的最小临界贴现值，不利于默契合谋的维持。

2. 两个边缘竞争厂商间的横向兼并

考虑 $F\geqslant 2$ 时，两个边缘竞争厂商进行横向兼并对合谋的影响。与以上分析相类似，兼并后的内部和外部稳定条件为：

$$F\leqslant M\leqslant F+2 \tag{4-35}$$

对比分析（4-30）和（4-35）式，不难发现两个边缘竞争厂商间的横向兼并对合谋的外部稳定性条件没有影响，但改变了合谋的内部稳定性条件，特别是当 $F+2<M\leqslant F+4$ 时，合谋群体中的厂商有背叛成为边缘厂商的动机。

那么，边缘厂商是否具备发起兼并的动机？如果有，兼并对默契合谋可维持性的影响又是如何？（1）当兼并改变了内部稳定性条件，即 $F+2<M\leqslant F+4$ 时，边缘厂商没有发起兼并的动力，因为它们可以清晰地预见到兼并的结果是在使一个边缘厂商退出市场竞争的同时，会有一个合谋厂商加入；（2）当兼并不改变内部稳定性条件时，由发起兼并的激励约束条件可知，当且仅当条件（4－36）满足时，边缘厂商才具备兼并动机，即：

$$\pi_{fringe}(F-1)\geqslant 2\pi_{fringe}(F) \qquad (4-36)$$

由（4－36）式易知 $F\leqslant 1+\sqrt{2}$，即只有当边缘厂商的数量为两个时它们才具有兼并的激励。此时，$\bar{\delta}$ 值与（4－33）式中的 $\bar{\delta}$ 值相同，为 $N^2/16MF$。当条件（4－24）和（4－35）同时成立时，易知 $M=F+2$。将 $F=2$ 和 $M=F+2$ 代入（4－33）和（4－24）式，可以分别得到兼并后和兼并前的 $\bar{\delta}$ 值：

$$\bar{\delta}(N-1,M)=\bar{\delta}(5,4)=\frac{9}{32},\ \bar{\delta}(N,M)=\bar{\delta}(6,4)=\frac{49}{192}$$

由于 $\bar{\delta}(5,4)>\bar{\delta}(6,4)$，所以，在这种情形下，边缘厂商的合并提高了“胡萝卜加大棒”策略下维持联合利润最大化的默契合谋所必需的最小临界贴现值，横向兼并不利于默契合谋的维持。

3. 一个合谋参与厂商与一个边缘竞争厂商间的横向兼并

当一个合谋参与厂商兼并一个边缘竞争厂商时，兼并后的厂商面临两种选择，一是继续留在合谋集团，二是退出合谋集团加入到边缘竞争厂商的行列，这分别相当于两个边缘厂商的合并和两个合谋厂商的合并，详细分析见上述两部分。

综上所述，在厂商成本对称条件下，如果横向兼并不能产生协同效应或不能给兼并厂商带来效率改进，无论是参与合谋的厂商还是边缘竞争厂商，都基本上不具备兼并的动机。它们只有在满足特定条件时才会有动力发起兼并，但这种兼并不利于默契合谋的维持，因为它提高了胡萝卜加大棒策略下维持联合利润最大化的默契合谋所必需的最小临界贴现值。值得注意的是，两个参与合谋厂商间的横向兼并将导致行业从部分合谋变为完全合谋。

二、成本不对称情形下的横向兼并对默契合谋的影响

受标准合谋理论的影响，长期以来，很多学者和反垄断从业者都坚信厂商间的不对称性将阻碍合谋的形成和维持。譬如，早在 1980 年 Scherer 就认识到："厂商间的成本差异越大，达成一致价格的难度就越大，实现联合利润最大化的可能就越低。"[①] 成本不对称阻碍合谋的原因主要有以下几点：(1) 当厂商就合谋价格存有分歧时，协调问题十分复杂且没有一个自然的焦点解；(2) 由于有效率的厂商即便是在竞争的环境下也能获得相对高的利润，因此吸引有效率的厂商加入合谋的难度较大；(3) 成本的不对称不利于合谋的维持。这是因为：一方面，难以对有效率厂商背离合谋协议的行为进行惩罚，另一方面，有效率的厂商在短期内可以从背离合谋协议的行为中获得相对更多的收益。那么，在厂商成本不对称条件下，厂商间的横向兼并对厂商参与默契合谋的动机、合谋的范围以及合谋的可维持性又会造成什么样的影响呢？由标准合谋理论可知：在古诺产量重复博弈的环境中，如果不允许单边支付，则厂商的效率越高，其背离惩罚均衡路径的可能性就越大，因为它从执行惩罚产量中遭受的损失相对更高，而厂商的效率越低，其背离合谋均衡路径的可能就越大，因为它从执行合谋产量中获得收益相对更少。因此，合谋的可维持性取决于合谋激励相容条件和惩罚相容条件对效率最高的厂商和效率最低的厂商是否可以构成有效的约束。[②] 这样，一起横向兼并对合谋的影响应该要看其是否会影响到最有效率和/或效率最低厂商的效率。如果兼并的结果使得最有效率的厂商的效率变得更高，则其参与合谋的动机就会越小，同时背离惩罚路径的动机就会越强，合谋的可维持性就越低；如果兼并的结果使得效率最低的厂商变得富有效率，则其参与合谋的动机就会增强，同时

① 转引自 Vasconcelos, H. Tacit Collusion, Cost Asymmetries, and Mergers [J]. *The RAND Journal of Economics*, 2005, 36 (1): 39 - 62.

② Rothschild (1999) 的研究结果显示，默契合谋的维持性取决于背离厂商与忠诚地执行合谋协议的厂商间的相对效率（参见 Rothschild, R. Cartel stability when costs are heterogeneous [J]. *International Journal of Industrial Organization*, 1999, 17: 717 - 734）。

背离合谋均衡路径的动力就会减弱，合谋的可维持性就会变强。

（一）模型及基本假设

考虑一个生产同质产品的4厂商重复进行产量博弈的简化情形。[①] 假定：（1）行业的反需求函数仍然为线性函数，即：

$$p = 1 - Q \tag{4-37}$$

其中 $Q = \sum_{i=1}^{4} q_i$ 表示行业总产出。（2）厂商 $i(i = 1,2,3,4)$ 在每一个时期 $t\ (t = 1,2,\cdots,n)$ 开始时同时决定其产出水平 $q_{i,t}$。（3）成本的异质性体现为厂商各自拥有的资本数量的不同。假定行业内的总资本固定不变，并正规化为1。令厂商 i 拥有的资本占行业资本总量的比例为 k_i，则有 $\sum_{i=1}^{4} k_i = 1$。不失一般性，令 $k_1 \geqslant k_2 \geqslant k_3 \geqslant k_4$。（4）厂商的固定成本为零，边际成本是产量的线性增函数和资本拥有量的线性减函数。令 $c_i(q_i, k_i)$ 表示厂商 i 的总成本，$c'_i(q_i, k_i)$ 表示厂商 i 的边际成本，则其成本函数和边际成本函数可以分别表示为：

$$c_i(q_i, k_i) = dq_i + \frac{q_i^2}{2k_i} \quad (d < 1) \tag{4-38}$$

$$c'_i(q_i, k_i) = d + \frac{q_i}{k_i} \tag{4-39}$$

如果厂商 i 和厂商 j 合并，则合并后的新厂商 M 的成本函数为：

$$c_M(q_M, k_i + k_j) = dq_M + \frac{q_M^2}{2(k_i + k_j)} \tag{4-40}$$

$$c'_M(q_M, k_i + k_j) = d + \frac{q_M}{k_i + k_j} \tag{4-41}$$

即横向兼并可以使厂商获得效率改进。（5）不允许单边支付，合谋协议的产量分配规则是按照厂商拥有的资本份额来分配产量。无论是在合谋产量的均衡路径上还是在惩罚产量的均衡路径上，每一个厂商均遵循相同的战略，

---

① 更一般的情形参见 Vasconcelos, H. Tacit Collusion, Cost Asymmetries, and Mergers [J]. *The RAND Journal of Economics*, 2005, 36 (1): 39-62.

即维持不变的市场份额。市场份额由厂商拥有的行业资本比例决定，即$s_i = k_i$。这种策略下的子博弈完美均衡又称之为比例子博弈完美均衡（proportional - SPE）；（6）在完美合谋的情况下，维持合谋的"胡萝卜加大棒"策略是一个简单的两阶段最优惩罚策略：在没有厂商偏离合谋路径的情况下，厂商坚持生产合谋产量Q^c，一旦有厂商在第t期偏离合谋路径，就在$t+1$期生产一个足够大的惩罚产量Q^p，然后从$t+2$期开始永久性地返回到原来的合谋产量路径。

令$v(h^t)$表示t期后行业连续利润流的总现值，当$\delta(0<\delta<1)$代表实际的连续利润流的贴现因子时，$\underline{v}(\delta)$为所有可维持的子博弈完美均衡支付集合中可能的单期平均最小价值，$\bar{v}(\delta)$为可能的单期平均最大价值，则二者分别为：

$$\underline{v}(\delta) = (1-\delta)\sum_{i=1}^{4}\pi_i(Q^p) + \delta\bar{v}(\delta) \tag{4-42}$$

$$\bar{v}(\delta) = \sum_{i=1}^{4}\pi_i(Q^c) \tag{4-43}$$

厂商i相应的单期平均最小价值和最大价值分别为$k_i\underline{v}(\delta)$和$k_i\bar{v}(\delta)$。以$\pi_i^*(Q) = \max\{\pi_i(x, q_{-i}^j)\}$表示在时期$j$其他厂商产量既定情况下厂商$i$的最佳反应，其中，$q_{-i}^j = (q_1, \cdots, q_{i-1}, q_{i+1}, \cdots, q_n)$，并且对所有的$h(h \neq i)$，有$q_h = k_h Q$。则上述"胡萝卜加大棒"最优惩罚策略下厂商$i$忠诚于合谋的激励相容条件和惩罚相容条件①分别为：

$$\frac{\pi_i(Q^c)}{1-\delta} \geqslant \pi_i^*(Q^c) + \delta k_i\underline{v} \tag{4-44}$$

$$\frac{\pi_i^*(Q^p)}{1-\delta} \leqslant \pi_i(Q^p) + \delta k_i\bar{v} \tag{4-45}$$

显然，$\underline{v}(\delta) = 0$时，是能够付诸实施的最严厉的惩罚②，此时，默契合谋的可维持性达到最大。

令$Q^c = Q^m$（Q^m为垄断产量），并将$\underline{v}(\delta) = 0$代入（4-44）式，则厂商$i$忠诚于合谋产量的激励相容条件可以重新表述为：

---

① Vasconcelos（2005）证明$(\underline{v}, \bar{v})$是这种简单的两阶段最优策略下可维持的子博弈完美均衡。

② 因为不生产也好于负的利润贴现值，所以理性的厂商绝不会参与给自己带来负利润贴现值的惩罚行动。

$$\delta \geqslant \frac{\pi_i^*(Q^m) - \pi_i(Q^m)}{\pi_i^*(Q^m)} \equiv \overline{\delta_i} \tag{4-46}$$

由（4-37）和（4-38）式，易知：

$$Q^m = (1-d)/3 \tag{4-47}$$

$$\pi_i(Q^m) = \frac{(1-d)^2}{6}k_i \tag{4-48}$$

$$\pi_i^*(Q^m) = \frac{(1-d)^2(2+k_i)^2}{18(2k_i+1)}k_i \tag{4-49}$$

将（4-48）和（4-49）式代入（4-46）式，可以得到：

$$\overline{\delta_i} = \frac{(1-k_i)^2}{(2+k_i)^2} \tag{4-50}$$

（4-50）式两边对 k_i 求一阶偏微分，可以得到：

$$\frac{\partial \overline{\delta_i}}{\partial k_i} = -\frac{6(1-k_i)}{(2+k_i)^3} < 0 \tag{4-51}$$

条件（4-51）表明，在最优惩罚策略下，当且仅当条件（4-46）对行业中效率最低的厂商的约束有效时，即当且仅当条件（4-52）满足时，才没有厂商具备偏离合谋路径的动机，Q^m 才是可维持的合谋产量。

$$\delta \geqslant \bar{\delta} = \frac{(1-k_4)^2}{(2+k_4)^2} \tag{4-52}$$

由（4-42）式易知 $v_i(Q^p, Q^c) = \pi_i(Q^p) + \frac{\delta}{1-\delta}\pi_i(Q^c)$。显然，当 $\underline{v}(\delta) = 0$ 时，$v_i(Q^p, Q^c) = 0$，从而可以得到：

$$-\pi_i(Q^p) = \frac{\delta}{1-\delta}\pi_i(Q^c) \tag{4-53}$$

$$\delta = \frac{-\pi_i(Q^p)}{\pi_i(Q^c) - \pi_i(Q^p)} \tag{4-54}$$

利用（4-53）式对（4-44）式和（4-45）式进行变换，可以得到：

$$\pi_i^*(Q^c) \leqslant \pi_i(Q^c) - \pi_i(Q^p) \tag{4-55}$$

$$\pi_i^*(Q^p) \leqslant 0 \tag{4-56}$$

将（4-48）式代入（4-54）式，可以得到：

$$\delta \bigg|_{Q^c=Q^m} = \frac{3Q^p[3Q^p - 2(1-d)]}{[3Q^p-(1-d)]^2} \tag{4-57}$$

为了保证 $\delta > 0$，假定 $Q^p > 2(1-d)/3 = 2Q^m$。在公式（4－57）两边对 Q^p 求一阶偏微分，可以得到：

$$\frac{\partial\left(\delta \Big|_{Q^c=Q^m}\right)}{\partial Q^p} = \frac{6(1-d)^2}{[3Q^p-(1-d)]^3} > 0 \tag{4-58}$$

为求得 $\delta \Big|_{Q^c=Q^m}$，必须先求出 Q^p。由利润最大化条件易知，在惩罚阶段，厂商背离惩罚产量的最优反应为：

$$q_i^*(Q^p) = \frac{[1-d-(1-k_iQ^p)]k_i}{1+2k_i} \geqslant 0 \tag{4-59}$$

$$\pi_i^*(Q^p) = \frac{k_i[1-d-(1-k_i)Q^p]^2}{2(1+2k_i)} \geqslant 0 \tag{4-60}$$

从而可以得到：

$$Q^p \leqslant \frac{1-d}{1-k_i} \tag{4-61}$$

而条件（4－56）成立要求 $Q^p \geqslant \frac{1-d}{1-k_i}$，令 $\underline{Q^p} = \frac{1-d}{1-k_i}$，并对 k_i 求一阶偏微分，可以得到：

$$\frac{\partial \underline{Q^p}}{\partial k_i} = \frac{(1-d)}{(1-k_i)^2} > 0 \tag{4-62}$$

条件（4－62）表明，在最优惩罚策略下，当且仅当条件（4－57）对行业中效率最高的厂商的约束有效时，即当且仅当 $Q^p \geqslant \frac{1-d}{1-k_1} \equiv \underline{Q^p(k_1)}$ 时，才能保证没有厂商具备偏离惩罚路径的动机。将 $Q^p = \frac{1-d}{1-k_1}$ 代入（4－57）式，可以得到：

$$\underline{\delta(k_1)} = \frac{3(1+2k_1)}{(2+k_1)^2} \tag{4-63}$$

也就是说，当且仅当：

$$\delta \geqslant \underline{\delta} = \underline{\delta(k_1)} = \frac{3(1+2k_1)}{(2+k_1)^2} \tag{4-64}$$

合谋的惩罚路径才是子博弈完美均衡路径，$Q^p = \dfrac{1-d}{1-k_1}$才是可维持的惩罚产量。

（二）横向兼并的协调效应

由于横向兼并对合谋的影响体现为对$\bar{\delta}$和$\underline{\delta}$值的影响，而$\bar{\delta}$和$\underline{\delta}$的值又分别取决于行业内效率最高的厂商和最低的厂商的资产拥有量，于是，根据厂商1和厂商4是否参与兼并，兼并的类型可以分以下四种情况：厂商1和厂商2或厂商3兼并；厂商4和厂商2或厂商3兼并；厂商2和厂商3兼并；厂商1和厂商4兼并。

1. 厂商1和厂商2或厂商3兼并对合谋的影响

由条件（4－40）可知，当两个厂商合并后，合并后的厂商的资本拥有量为两个合并厂商的资本拥有量之和，因此，当厂商1和厂商2或厂商3合并时，合并后的厂商为行业内效率最高的厂商，此时，$\underline{\delta} = \underline{\delta}(k_1 + k_2) = \dfrac{3[1+2(k_1+k_2)]}{(2+k_1+k_2)^2}$或$\underline{\delta} = \underline{\delta(k_1 + k_3)} = \dfrac{3[1+2(k_1+k_3)]}{(2+k_1+k_3)^2}$。而由（4－64）式可知，$\dfrac{\partial \underline{\delta}}{\partial k_1} = \dfrac{6(1-k_1)}{(2+k_1)^3} > 0$，因而，$\underline{\delta}(k_1+k_2) > \underline{\delta}(k_1)$，$\underline{\delta}(k_1+k_3) > \underline{\delta}(k_1)$。此时，行业内效率最低的厂商仍然为厂商4，所以，$\bar{\delta}$值不受影响。可见，厂商1和厂商2或厂商3之间的兼并增大了惩罚产量可维持所必需的最小临界贴现值$\underline{\delta}$，不利于默契合谋的维持。

2. 厂商4和厂商2或厂商3兼并对合谋的影响

如果厂商4被厂商2或厂商3兼并，则行业内效率最低的厂商分别可能是厂商2或厂商3，也可能是合并后的厂商。由$\dfrac{\partial \bar{\delta}_i}{\partial k_i} = -\dfrac{6(1-k_i)}{(2+k_i)^3} < 0$可知，当行业内效率最低的厂商的资本拥有量变大时，$\bar{\delta}$的值变小，即$\bar{\delta}(k_2) < \bar{\delta}(k_4)$或$\bar{\delta}(k_3) < \bar{\delta}(k_4)$，合谋产量可维持所必需的最小临界贴现值变小，横向兼并有利于合谋的维持。进一步，如果厂商4和厂商2或厂商3合并后的厂商的效

率达到最高，即 $k_2 + k_4 > k_1$ 或 $k_3 + k_4 > k_1$，则有 $\underline{\delta}(k_2 + k_4) > \underline{\delta}(k_1)$ 或 $\underline{\delta}(k_3 + k_4) > \underline{\delta}(k_1)$，横向兼并使得惩罚产量得以维持所必需的最小临界贴现值变大，不利于默契合谋的维持；如果厂商4和厂商2或厂商3合并后，行业内效率最高的厂商仍然是厂商1，则兼并对 $\underline{\delta}$ 没有影响，$\underline{\delta}$ 值保持不变。

3. 厂商2和厂商3兼并对合谋的影响

当厂商3和厂商3合并后，行业内效率最低的厂商仍然是厂商4，因此，横向兼并对 $\bar{\delta}$ 的值没有影响，而对 $\underline{\delta}$ 的影响则取决于兼并后厂商的资产拥有量是否大于厂商1的资产拥有量。如果兼并后厂商的资产拥有量大于厂商1的资产拥有量，则有 $\underline{\delta}(k_2 + k_3) > \delta(k_1)$，即横向兼并使得惩罚产量得以维持所必需的最小临界贴现值变大，不利于默契合谋的维持；反之，则对 $\underline{\delta}$ 的值没有影响，进而横向兼并对默契合谋没有任何影响。

4. 厂商1和厂商4兼并对合谋的影响

当厂商1和厂商4合并后，行业内的效率最高和效率最低的厂商同时发生了变化，此时，合并后的厂商成为效率最高的厂商，而厂商3变成了效率最低的厂商。相应地，$\bar{\delta}$ 值和 $\underline{\delta}$ 值分别变为 $\bar{\delta}(k_3)$ 以及 $\underline{\delta}(k_1 + k_4)$。由于 $\bar{\delta}(k_3) < \bar{\delta}(k_4)$，$\underline{\delta}(k_1 + k_4) > \underline{\delta}(k_1)$，因此，横向兼并一方面使得惩罚产量得以维持所必需的最小临界贴现值变大，不利于默契合谋的维持，另一方面却使得维持合谋产量所必需的最小临界贴现值却变小了，有利于默契合谋的维持。

综合以上分析，在厂商成本不对称、不允许单边支付和简单的两阶段最优惩罚策略的条件下，由于横向兼并提升了兼并厂商的效率，我们可以得到以下结论①：（1）如果行业内效率最高的厂商参与兼并，其参与默契合谋的动机变小，偏离惩罚路径的动机变大，合谋得以维持的难度增大；（2）如果行业内效率最低的厂商参与兼并，其参与默契合谋的动机变大，或者等价地说，其偏离合谋产量路径窃取其他厂商产量的动机变小，兼并使得合谋更易

---

① Compte、Jenny 和 Rey（2002）基于产能约束的 Bertrand – Edgeworth 模型得出了相同的结论。只不过，在产能约束的条件下，合谋难以维持的原因是：（1）小厂商对大厂商偏离惩罚产量的惩罚威胁是不可信的；（2）大厂商对小厂商偏离合谋产量的惩罚威胁也是不可信的。

于维持；（3）如果中间效率的厂商间的进行横向兼并，在兼并带来的效率改进是温和的情况下，即兼并的效率改进不足以使兼并后的厂商跃升为行业内效率最高的厂商，则兼并对合谋没有任何影响。[①]

第三节 基于差异性产品 Bertrand 模型的协调效应

由上一节分析可知，在古诺产量重复博弈的情形下，同质产品生产厂商间的完美合谋的可维持性主要取决于最大的厂商偏离最严厉惩罚价格的动机和最小的厂商偏离最优合谋价格的动机。事实上，当我们将模型从同质产品的古诺模型拓展到差异性产品的 Bertrand 模型后，依然可以得出如下结论：在对称最优惩罚策略下，最大厂商参与的横向兼并在不改变最小厂商规模的情形下不利于合谋的维持，反之，最小厂商参与的横向兼并在不改变最大厂商规模的情形下却有利于合谋的维持，而中间厂商间的横向兼并对合谋的可维持性没有任何影响，除非其改变了最大或最小厂商的规模。

一、模型及基本假设

考虑 m 家厂商生产 n 个品牌的差异性产品的 Bertrand 模型。[②] 假设：（1）厂商间的行动是战略互补的；（2）每个品牌的需求关于价格对称，并随自身价格的上涨而下降，随其他品牌价格的上涨而上涨。每一品牌的需求函数为 $D_i(p_i, p_{-i})$，$i = 1, \cdots, n$；（3）行业中共有 $m(2 \leqslant m \leqslant n)$ 个多产品厂商生产 n 个品牌的差异性产品，每个品牌的产品均以不变的边际成本 $c(1 > c > 0)$

---

① 张曦：“部分合谋市场上横向兼并的协调效应——基于 Cournot 模型的分析”，《哈尔滨商业大学学报（哲学社会科学版）》，2013 年第 1 期，第 42—47 页。

② 本部分主要参考了 Kühn（2004）的模型。

生产。同时，不失一般性，假定固定成本为零；厂商 i 生产/销售 k_i（k_i 取整数）个品牌的产品，且任何两个厂商间的品牌均不重复，即 $k_i + k_{-i} = n$，$k_i \cap k_{-i} = \phi(i = 1, \cdots, m, k_{-i}$ 代表除厂商 i 外的其他厂商拥有的品牌数量)；由于每个品牌的需求对称，因此，厂商间的区别体现为拥有的品牌数量的不同。按照拥有品牌数量的多少对厂商的规模进行排序，并令 $\bar{k}(\underline{k})$ 表示规模最大（小）的厂商，其拥有的品牌数量为 $\bar{n}(\underline{n})$；（4）令 p_{k_i} 代表厂商 i 所拥有的 k_i 个品牌所对应的价格向量，则整个 n 维的价格向量可以表示为 $p = (p_{k_i}, p_{k_{-i}})$；（5）品牌自身的价格需求弹性大于交叉价格需求弹性；（6）厂商间进行无穷次重复价格博弈：在每一个时期 t（$t = 1, 2, \cdots, n$）开始时所有厂商同时决定其价格向量 $p_{k_i, t}$，而在每一个阶段博弈结束时，所有厂商都可以观测到其他厂商在上一次博弈中的行动；同时，厂商具有相同的连续利润流的贴现因子 $\delta(0 < \delta < 1)$，$\delta = e^{-rt}$。

二、对称最优惩罚策略

考虑一种简单的合谋维持策略：对称最优惩罚策略（symmetric optimal punishment schemes）。在给出对称最优惩罚策略前首先定义对称最优均衡集。所谓的对称最优均衡集就是在这个均衡集中，在任何给定的博弈阶段，所有厂商的均衡战略均是设定相同的价格。

由基本模型可知，厂商 i 的利润函数为 $\pi^{k_i}(p_{k_i}, p) = (p_{k_i} - c)q(p_{k_i}, p, k_i)$，其中 $q(p_{k_i}, p, k_i)$ 表示在所有其他厂商生产的品牌均定价为 p 时厂商 i 为其 k_i 个品牌设定 p_{k_i} 价格时的需求。显然，在对称最优均衡状态下，每个品牌的利润相同。

令 $\bar{v}(\delta)$ 为合谋最大连续均衡价值中每个品牌的单期平均价值，$\underline{v}(\delta)$ 为合谋最小连续均衡价值中每个品牌的单期平均价值；p^c 为最大连续均衡价值在每一期所对应的最优合谋价格，p^p 为最小连续均衡价值在每一期所对应的最优惩罚价格。当 $p^p > 0$ ① 时，有：

---

① $p^p = 0$ 的情形与现实不符，因此不予考虑。

$$\bar{v}(\delta) = \pi(p^c, p^c) \tag{4-65}$$

$$\bar{v}(\delta) = (1-\delta)\pi(p^p, p^p) + \delta \bar{v} \tag{4-66}$$

令 $p^*(p,k_i)$ 代表控制 k_i 个品牌的厂商在其他厂商的产品定价为 p 时的短期最优反应，则胡萝卜加大棒策略下的合谋的激励约束条件和惩罚约束条件可以分别表述为：

$$\bar{v} \geqslant (1-\delta)\pi^{k_i}[p^*(p^c,k_i),p^c,k_i] + \delta \underline{v} \tag{4-67}$$

$$\bar{v} \geqslant (1-\delta)\pi^{k_i}[p^*(p^p,k_i),p^p,k_i] + \delta \underline{v} \tag{4-68}$$

令 $\varphi^{k_i}[p^*(p,k_i),p,k_i] \equiv \pi^{k_i}[p^*(p,k_i),p,k_i] - \pi(p,p)$，则条件（4－67）和（4－68）可以改写为：

$$\frac{\delta}{1-\delta}(\bar{v} - \underline{v}) \geqslant \varphi^{k_i}[p^*(p^c,k_i),p^c,k_i] \tag{4-69}$$

$$\delta[\bar{v} - \pi(p^p,p^p)] \geqslant \varphi^{k_i}[p^*(p^p,k_i),p^p,k_i] \tag{4-70}$$

根据厂商间的行动是战略互补的假设，某个厂商的涨价行为会引发其他厂商价格的跟进，因此，某个厂商的涨价相当于为其他厂商提供了一种公共物品。由于厂商的规模越小，其控制的品牌数量就越少，进而其拥有的市场势力就越小，从涨价中获得的收益相应也小。这就意味着当合谋处于合谋价格的均衡路径时，规模最小的厂商在短期内通过秘密削价获取短期最高利润的动机最大①，因此，激励约束条件只有对规模最小的厂商有效时，最优合谋价格才能得以维持。反之，厂商的规模越大，其控制的品牌数量越多，拥有的市场势力越大，其涨价的动机越强。一旦合谋进入惩罚阶段时，规模最大的厂商运用自身的市场势力将价格从惩罚价格提升到一个更高的价格可以获得短期最高利润，因此，惩罚约束条件只有对规模最大的厂商有效时，合谋的惩罚机制才是有效的，才能保证没有厂商愿意偏离最优合谋路径。因此，维持合谋的激励相容约束条件（4－69）和惩罚相容约束条件（4－70）必须分别对规模最小和最大的厂商的约束是紧的。

---

① 莫塔（2006）证明，在一次性静态博弈中，厂商的产品种类越多，它在均衡点制定的价格就越高，结果产品品种最少的厂商获得最高的单品种利润。这就意味着，小厂商偏离合谋价格的动机最大。

三、横向兼并对合谋的影响

令 $\underline{\delta}(k_i)$ 表示对称最优合谋惩罚策略下厂商 i 拥有 k_i 个品牌时坚持默契合谋协议所必需的最小贴现门槛值，则横向兼并对合谋的影响就转变为横向兼并对 $\underline{\delta}$ 值的影响。由于合谋能否得以维持取决于激励相容约束条件和惩罚相容约束条件分别对行业内最小厂商和最大厂商的约束是否有效，因此，在考虑横向兼并对合谋的影响时，应当区分兼并是否改变了行业内最大厂商和最小厂商的规模两种不同的情形。首先考虑第一种类型，即厂商 $\underline{k}$ 的规模保持不变、厂商 $\bar{k}$ 兼并其他厂商对合谋的影响。由 $\underline{\delta}$ 的定义可知，$\underline{\delta}(\bar{n})$ 是厂商 $\bar{k}$ 拥有 $\bar{n}$ 个品牌时坚持默契合谋协议所必需的最小贴现值，相应的可维持的合谋价格和最优惩罚价格分别为 $p^c(\bar{n})$ 和 $p^p(\bar{n})$。令兼并后的 $\bar{k}$ 拥有的品牌数量为 $\bar{n}^p$，显然有 $\bar{n}^p > \bar{n}$。当厂商 $\bar{k}$ 拥有的品牌数量从 $\bar{n}$ 转变为 $\bar{n}^p$ 时，对于厂商 $\underline{k}$ 而言，其拥有的品牌数量没有发生变化，因而，其参与合谋的激励相容约束条件不变。然而，对厂商 $\bar{k}$ 来说，由于其拥有的品牌数量增加，对它的激励约束就相应发生变化了。直觉上，随着厂商 $\bar{k}$ 拥有的品牌数量的增加，厂商 $\bar{k}$ 偏离最优惩罚价格的动机会变得更强，等价地，厂商 $\bar{k}$ 坚持默契协议所必需的最小贴现值将变大。由于厂商 $\bar{k}$ 偏离均衡价格的激励由函数 $\varphi^{k_i}[p^*(p,k_i),p]$ 来决定，如果上述直觉是正确的，那么只需要证明函数 $\varphi^{k_i}[p^*(p,k_i),p]$ 严格拟凸即可。

令 $\hat{p}(k_i) = p^*(p,k_i)$，由 $p^*(p,k_i)$ 的定义可知，函数 $\varphi^{k_i}[p^*(p,k_i),p]$ 在价格 $\hat{p}(k_i)$ 处可以得到一个最小值。为了证明函数 $\varphi^{k_i}[p^*(p,k_i),p]$ 是拟凸的，仅需证明当 $p > \hat{p}(k_i)$ 时，$\varphi^{k_i}[p^*(p,k_i),p]$ 是递增的；当 $p < \hat{p}(k_i)$ 时，函数 $\varphi^{k_i}[p^*(p,k_i),p]$ 是递减的。

当 $p > \hat{p}(k_i)$ 时，由 $\varphi^{k_i}[p^*(p,k_i),p,k_i] \equiv \pi^{k_i}[p^*(p,k_i),p,k_i] - \pi(p,p)$ 时，可知：

$$\frac{d\varphi^{k_i}[p^*(p,k_i),p]}{dp} = \pi^{k_i}_{pk_i'}[p^*(p,k_i),p] - \pi^{k_i}_{pk_i'}(p,p) - \pi^{k_i}_{pk_i}(p,p)$$

$$= -\int_{p^*(p,k_i)}^{p} \pi^{k_i}_{pk_i'pk_i}(z,p)\,dz - \pi^{k_i}_{pk_i}(p,p) \qquad (4-71)$$

对（4－71）式做一个恒等变换，可以得到：

$$\frac{d\varphi^{k_i}[p^*(p,k_i),p]}{dp} = -\int_{p^*(p,k_i)}^{p} [\pi^{k_i}_{pk_i'pk_i}(z,p) + \pi^{k_i}_{pk_jpk_i}(z,p)]\,dz - \pi^{k_i}_{pk_i}[p^*(p,k_i),p] \qquad (4-72)$$

根据 $p^*(p,k_i)$ 的定义，（4－72）式可以进一步变换为：

$$\frac{d\varphi^{k_i}[p^*(p,k_i),p]}{dp} = -\int_{p^*(p,k_i)}^{p} [\pi^{k_i}_{pk_i'pk_i}(z,p) + \pi^{k_i}_{pk_jpk_i}(z,p)]\,dz \qquad (4-73)$$

由假设（5）自价格效应大于交叉价格效应，可以得到：

$$\frac{d\varphi^{k_i}[p^*(p,k_i),p]}{dp} = -\int_{p^*(p,k_i)}^{p} [\pi^{k_i}_{pk_i'pk_i}(z,p) + \pi^{k_i}_{pk_jpk_i}(z,p)]\,dz > 0 \qquad (4-74)$$

当 $p < \hat{p}(k_i)$ 时，$\pi^{k_i}_{pk_i}(p,p) > 0$，再结合厂商间行动战略互补的假设，可以得到 $\frac{d\varphi^{k_i}[p^*(p,k_i),p]}{dp} = -\int_{p^*(p,k_i)}^{p} \pi^{k_i}_{pk'_jpk_i}(z,p)\,dz - \pi^{k_i}_{pk_i}(p,p) < 0$。由此可知，函数 $\varphi^{k_i}[p^*(p,k_i),p]$ 是严格拟凸的。

由函数 $\varphi^{k_i}[p^*(p,k_i),p]$ 的严格拟凸性可知，在给定的可维持的合谋和惩罚价格下，当厂商 $\bar{k}$ 拥有的品牌数量减少时，其偏离均衡的激励也是随之减少的。所以，对厂商 $\bar{k}$ 的激励约束变为严格松弛条件，那么惩罚价格 p^p 就可以用 $\hat{p}^p = p^p - \varepsilon$ 来表示。此时，由于对厂商 $\underline{k}$ 的激励约束条件也是严格松弛的，所以，给定合谋价格和最优惩罚价格为 $p^c(\bar{n})$ 和 $p^p(\bar{n})$ 的情况下，对于一个小于 $\underline{\delta}(k_i)$ 的 $\underline{\delta}$ 值，合谋也可以维持。反之，当厂商 $\bar{k}$ 拥有的品牌数量增加时，给定合谋价格和最优惩罚价格为 $p^c(\bar{n})$ 和 $p^p(\bar{n})$ 的情况下，合谋可维持的 $\underline{\delta}$ 值大于 $\underline{\delta}(k_i)$，即 $\underline{\delta}(\bar{n}^p) > \underline{\delta}(\bar{n})$。可见，在兼并不改变行业内最小厂商的规模时，规模最大厂商兼并其他厂商将使得合谋得以维持所必需的最小贴现值变大，不利于合谋的维持。

由此可以推知，在厂商 $\bar{k}$ 的规模保持不变、厂商 $\underline{k}$ 参与横向兼并的情形下，$\underline{\delta}(\underline{n}^p) < \underline{\delta}(\underline{n})$，即在兼并不改变行业内最大厂商规模的情形下，规模最小厂商参与的兼并将使得合谋得以维持所必需的最小贴现值变小，有利于合

谋的维持。进一步讲，如果横向兼并既不改变厂商 $\bar{k}$ 的规模，又不改变厂商 $\underline{k}$ 的规模，则这类横向兼并不会对合谋的可维持性产生影响。

第四节 反垄断政策启示

横向兼并不仅会产生单边效应的风险，而且有可能产生协调效应，即通过对行业结构和资产分布的改变有可能造就有利于行业内剩余厂商成功合谋的条件。

基于古诺模型的研究表明：（1）在厂商成本对称和部分合谋的条件下，如果横向兼并不能提升兼并厂商的效率，无论是参与合谋的厂商还是边缘竞争厂商，都基本上不具备兼并的动机。即便它们发起了横向兼并，由于兼并提高了“胡萝卜加大棒”策略下维持联合利润最大化的默契合谋所必需的最小临界贴现值，所以兼并不利于默契合谋的维持。（2）在厂商成本不对称、不允许单边支付和简单的两阶段最优惩罚策略的条件下，合谋能否维持取决于效率最低厂商偏离最优合谋产量和效率最高厂商偏离惩罚产量的动机。由于效率最高厂商参与的横向兼并进一步提高了厂商间的效率，其参与默契合谋的动机进一步变小，偏离惩罚路径的动机进一步变大，因此兼并的协调效应较小。相对地，由于效率最低厂商参与的横向兼并使其效率得以提升，导致其参与默契合谋的动机变大，而偏离合谋产量的变小，兼并的协调效应较大。

上述结论在很大程度上得到了 Bertrand 模型的支持。在厂商成本、需求对称以及采用对称最优惩罚策略的简单情形下，基于 Bertrand 模型研究表明：导致最大厂商规模增加的横向兼并不利于默契合谋的维持，而增加最小厂商规模的横向兼并则有利于默契合谋的维持。

综上所述，理论上大厂商参与的横向兼并通常会削弱其参与默契合谋的动机，增大了默契合谋可维持的难度。如果进一步考虑到动态重复博弈中厂商间以何种方式选择何种产量（价格）作为合谋产量（价格）的困难，横向兼并的协调效应可能要比我们想象的低很多，这与欧美国家目前的反垄断政策的主流理念相冲突——大厂商参与的横向兼并会促进合谋的形成和有利于合谋的维持。换言之，至少到目前为止，大厂商间的横向兼并将导致有利于行业合谋的这种政策观点尚未得到经济理论的支持。这就提醒反垄断执法者，在对一项横向兼并案的进行审查时，要审慎地评估其可能的协调效应。除非有明显的证据表明该横向兼并案将显著增强行业内厂商的对称性，进而增大行业内厂商合谋的可能性，否则，不能轻易地以可能引发协调效应的理由予以禁止兼并。

第五章

横向兼并的反垄断审查

由于横向兼并在使兼并厂商获得效率改进的同时还有可能产生单边效应和协调效应，这就使得是否应该将效率纳入横向兼并审查成为一个问题，进而反垄断当局应该采用什么样的审查标准？同时，在既定的审查标准下，反垄断审查机构与兼并厂商之间客观上存在信息不对称性以及理性人基于自身利益最大化的行事方式，使得寻租问题和信息问题成为反垄断审查执法中两个重要的问题。

第一节 效率抗辩：效率与市场势力的权衡

正如第三章分析的那样，一起横向兼并既可能增强厂商的市场势力，也可能使兼并厂商获得效率的改进，如产品边际成本的下降。在这两种效应并存的情形下，反垄断当局是否可以在考虑市场势力的同时将效率改进因素纳入考虑范畴呢？赞成将效率因素纳入横向兼并审查的学者主张：倘若一起横向兼并案可以给兼并厂商带来足够大的效率改进，以至于厂商效率的增加可以抵消其市场势力增强所产生的反竞争效应，那么，反垄断当局就应当通过该兼并申请，这就是所谓的效率抗辩。[①] 对效率抗辩的理论分析最早要追溯到威廉姆森（1968）的开创性研究。

一、威廉姆森的权衡理论

假设行业内生产同质产品的厂商最初处于竞争均衡状态，每个厂商的平均生产成本为 AC_1，产品价格等于平均生产成本（$P_1 = AC_1$），行业的总产量为 Q_1。兼并的结果使兼并厂商在获得效率改进（平均生产成本由 AC_1 下降到 AC_2）的同时增强了市场势力（价格由 P_1 上升到 P_2）。如图 5-1 所示，当价格从 P_1 上升到 P_2 后，行业的总产量相应地从 Q_1 下降到 Q_2。兼并一方面造成了三角形 A 所代表的无谓损失，另一方面产生了长方形 B 所代表的生产成本节约。威廉姆森（1968）认为应当权衡效率改进所导致的生产厂商成本的节约与市场势力增加所产生的消费者剩余的损失，即应当比较图 5-1 中长方形 B 的面积与三角形 A 的面积的大小。如果放宽模型关于兼并前行业处于竞争均衡状态的假设——在兼并前厂商已经拥有市场势力的情形下，那么，效率与市场势力的权衡就转变为图 5-2 中三角形 A 与长方形 C 的面积和与长方形 B 的面积的孰大孰小的比较问题。

---

① 在美国的反垄断历史上，国会和反垄断当局最初出于对中小厂商的保护，不仅不接受横向兼并中的效率抗辩，反而利用效率来攻击兼并，理由是这种类型的兼并将使得实力较小的竞争对手陷入更为不利的境地，进而弱化了行业内的竞争。这种观点最初出现在 1962 年的 Brown Shoe 一案的审理中。在稍后 1967 年的宝洁案的审理中，法官道格拉斯更是直接表明："经济效益不能作为对违法行为进行辩护理由……减弱竞争的一些兼并可能会产生经济效益，但这打破了有利于保护竞争的平衡。"与美国一样，大洋彼岸的欧盟最初也不接受效率抗辩。1991 年，尽管欧盟委员会承认 Aerospatiale - Alenia 与 de Havilland 的兼并有可能会产生一定程度的效率，但仍以该兼并将"仅仅增强兼并实体独立于其他竞争者行动的能力"为由，禁止了该项横向兼并。但随着时间的推移，美国和欧盟对效率的态度均逐渐发生了变化，但时间差异较大。美国 1984 年的《横向兼并指南》就已经开始接受效率抗辩，而欧盟则在 2004 年才第一次明确承认将效率作为横向兼并案最终裁决的一个因素。到目前为止，《欧盟横向兼并指南》、《美国横向兼并指南》以及《加拿大竞争法》原则上均接受效率抗辩（参见威廉姆森著：《反托拉斯经济学——兼并、协约和策略行为》，经济科学出版社 1999 年版，第 4 页；OECD. *Dynamic efficiencies in merger analysis 2007*, http://www.oecd.org/dataoecd/53/22/40623561.pdf; Brouwer, M. T. Horizontal mergers and efficiencies: theory and antitrust practice [J], *Eur J Law Econ*, 2008, 26: 11-26）。

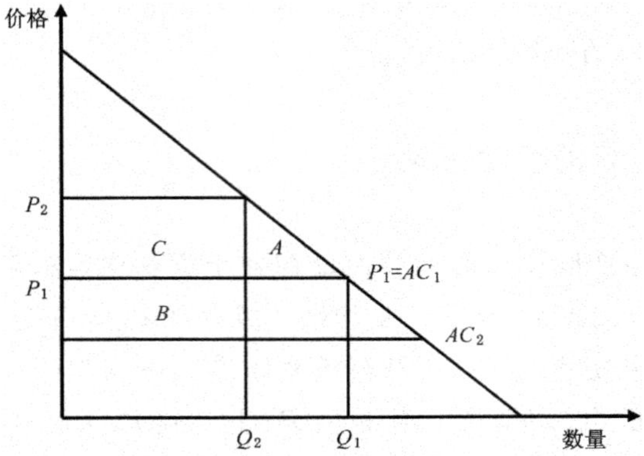

图 5-1 兼并前无市场势力情况下的效率与市场势力的权衡

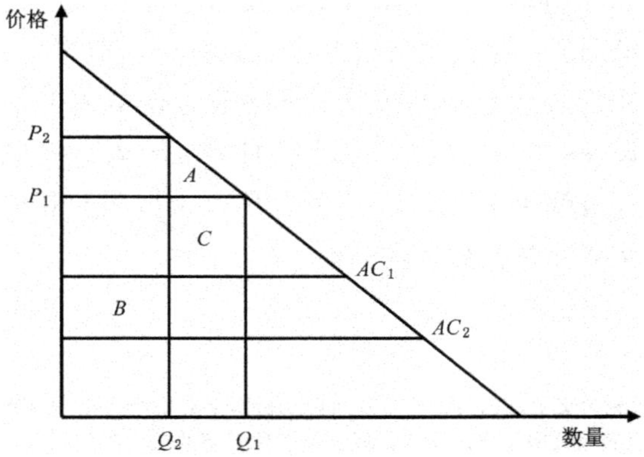

图 5-2 兼并前存在市场势力情况下的效率与市场势力的权衡

以第一种标准情形为例，图 5-1 中三角形 A 的面积为 $\frac{1}{2}(p_2 - p_1)(Q_1 - Q_2)$ 或 $\frac{1}{2}\Delta p\Delta Q$，而长方形 B 的面积为 $(AC_1 - AC_2)Q_2$。令 ΔS 表示长方形 B 的面积与三角形 A 的面积差，则：

$$\Delta S = (AC_1 - AC_2)Q_2 - \frac{1}{2}(p_2 - p_1)(Q_1 - Q_2) \tag{5-1}$$

用需求弹性 η 对（5-1）式进行恒等变换并令其式等于零，可以得到：

$$\frac{\Delta AC}{AC_1} - \frac{1}{2}\eta\frac{Q_1}{Q_2}\left(\frac{\Delta p}{p_1}\right)^2 = 0 \qquad (5-2)$$

通过对（5－2）式进行简单的计算，威廉姆森（1968）得出如下结论："如果兼并获得了一定程度的实质性经济效益，则为使净配置效应为负，这种兼并必须产生显著的市场支配力和导致相对较大的价格上涨"[①]。换言之，弥补消费者剩余损失仅需较小幅度的成本下降即可满足。威廉姆森（1968）进一步指出，即便在兼并前存在市场势力的情形下，抵消价格上涨所需要的成本节约明显要更大一些（图5－2中三角形A与长方形C的面积和），但这并不足以推翻上述基本结论。因此，反托拉斯机构和法庭原则上应该明确承认效率抗辩的价值，因为这至少可以防止法律处理之前对效益因素的不当处理。

二、威廉姆森权衡理论的缺陷

首先，威廉姆森（1968）假定兼并前和兼并后市场中各企业具有相同的边际成本，这暗含着行业内未参与兼并的厂商将获得与兼并厂商一样的效率改进。显然，这样的假定是不符合实际的，除非该兼并是整个行业范围的兼并。事实上，兼并厂商所获得的效率改进在一般情况下是不会立即并完全溢出到整个行业的，否则，就会产生兼并悖论——没有厂商愿意发起兼并，因为厂商更愿意免费搭便车。其次，威廉姆森将兼并引发的收入再分配问题视为中性，然而，这与不同群体间边际收入效用不同的现实相冲突（有关这点的具体讨论见下一节）。最后，威廉姆森（1968）的权衡理论本质上是一种静态效率与市场势力之间的比较，它没有考虑兼并的动态效率问题。当兼并的动态效率是一种通过干中学等方式不断降低现有产品平均成本的效率时，那

---

① 对（5－2）式进行简单的数学运算，就可以发现：如果兼并导致厂商市场势力增加进而导致市场价格上涨20%的话，当需求弹性为2时，成本下降5%即可抵消价格上涨的影响，如果需求弹性为1，则仅需成本下降2%，如果需求弹性为1/2，则仅需成本下降1%就足以。更一般地，如果横向兼并可以使厂商的成本下降5%—10%，那么，通常至少需要30%以上的价格上涨幅度才能抵消兼并的收益（参见威廉姆森著：《反托拉斯经济学——兼并、协约和策略行为》，经济科学出版社1999年版，第8—10页）。

么，这类效率不大可能像静态效率那样一开始就可以抵补兼并所造成的无谓损失和从消费者向寡占厂商转移的财富，但随着时间的推移，它仍然有机会弥补兼并所造成的无谓损失和从消费者向寡占厂商转移的财富；当兼并的动态效率是一种质量的改进与提升时，即兼并实体可以以兼并前的生产成本生产出更高质量的产品，那么，随着产品质量的持续改进，需求曲线将不断外移。假定需求曲线以平行的方式向外移动，如图 5－3 所示，虽然兼并导致厂商市场势力的显著增强，使兼并后的价格提高到 P_3，但即便是考虑了资金的时间价值之后，兼并不仅可以使厂商获得远高于静态效率的动态效率，还增加了消费者剩余；当兼并的动态效率表现为兼并厂商推出一款或数款全新的产品时，那么，由兼并所获得的效率可能会更高。

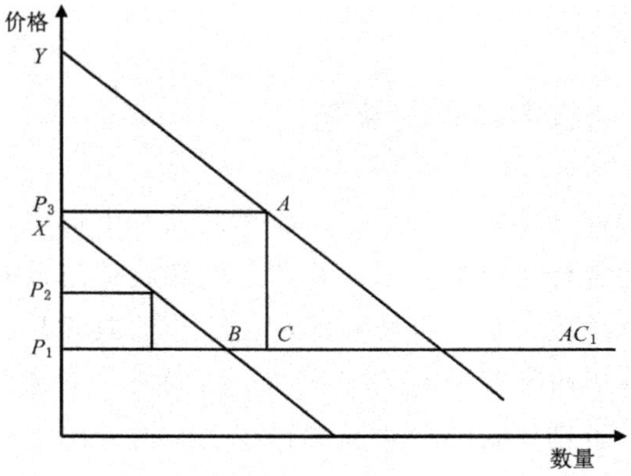

图 5－3　动态效率与市场势力的权衡

可见，当效率从静态效率拓展到动态效率后，反垄断当局在审查横向兼并案时更应该考虑效率因素。然而，即便是在威廉姆森（1968）相对简单的静态模型中，也很难做出准确的权衡，因为难以收集到计算所需的真实数据。譬如，要想计算出因兼并而产生的无谓损失，就必须要知道相关产品的需求弹性和价格的可能上涨幅度，然而，这些数据通常是难于获得的。这也是为何反垄断当局不愿意接受威廉姆森权衡理论的原因之一。

第二节 消费者剩余：一个合意的反垄断审查标准

对横向兼并审查的主要目的是评估兼并对消费者、竞争者、兼并厂商等不同利益集团的福利影响。当不同利益集团之间的利益相冲突时，威廉姆森（1968）的权衡理论认为只要兼并导致的生产者剩余的增加大于消费者剩余的损失，反垄断当局就应当批准该兼并案，因为它增加了社会总福利水平。由于威廉姆森（1968）的这种权衡理论是建立在总福利标准（亦称效率标准）之上，它忽略了财富的分配问题，将消费者财富向生产者的转移视为中性，从而受到支持消费者剩余标准的学者的批评，并引发了一场关于横向兼并审查的标准之争——总福利与消费者剩余谁是最优标准的争论。[①] 尽管在反垄断实践层面，由于消费者剩余标准相对更易于执行，消费者剩余标准似乎已经是最终的赢家，譬如，美国和欧盟现行的横向兼并审查标准都更接近于消费者剩余标准[②]，但这场持续了将近半个世纪的争论并没有结束，仍有学者不断

---

① 有一部分学者提出了介于总福利标准和消费者剩余标准之间的带有权重的综合标准，譬如，Bain 和 McFetetridge（2000）提出的带有权重的剩余标准（weighted surplus standard），但其本质上仍然是这两类标准的变形（参见 Bian, L., andMcFetridge, D. G. The Efficiencies Defence in Merger Cases: Implications of Alternative Standards [J]. *The Canadian Journal of Economics*, 2000, 33 (2): 297 - 318.）；还有一部分学者认为在总福利标准和消费者剩余标准之间不存在一个占优标准（参见 Neven, D. J. and Röller, Lars - Hendrik. Consumer Surplus vs. Welfare Standard in A Political Economy Model of Merger Control [J]. *International Journal of Industrial Organization*, 2005, 23: 829 - 848）。

② 以美国为例，现行《美国横向兼并指南》关注的重点是兼并的价格效应，强调能够降低边际成本的合意效率对兼并后价格的直接影响。只有兼并可能产生的效率大到不会对相关市场上的消费者造成伤害即不会提高市场价格时，效率抗辩才纳入横向兼并审查的考虑范围。因此，美国的横向兼并审查标准更接近于消费者剩余标准（参见 U. S. Department of Justice and Federal Trade Commission. *Commentary on the Horizontal Merger Guidelines*, March 2006）。

建议美国和欧盟的反垄断当局放弃消费者剩余标准，转而采纳总福利标准。[①]因而，从理论上讨论消费者剩余标准的合意性仍然是有价值的。

横向兼并的结果之一便是产生了收入的再分配效应。通常由消费者转移到寡占厂商的财富规模要大于无谓损失，譬如，图 5 - 1 威廉姆森权衡模型中的长方形 C 的面积一般会大于三角形 A 的面积。因此，威廉姆森（1968）自己也直言："即便是给收入分配效应赋予一个很小的权重也可能会显著影响到对整个兼并的评价。"[②]

由于一般情况下兼并厂商的所有者要比终端的消费者富裕的多，尤其是当兼并厂商大到需要反垄断当局审查的情况下更是如此。考虑到不同利益群体间不同的边际收入效用[③]，很难对这样的收入再分配或财富转移问题视而不见。然而，这个被消费者剩余标准纳入考虑的重要问题却被总福利标准忽略了。Farrell 和 Katz（2006）[④] 将总福利标准忽略分配问题的原因归纳为以下四点：（1）在特定的兼并案例中很难确定应该给予分配问题多大程度的重视才是足够的。（2）兼并厂商的所有者和工人与消费者一样具有享受平等的权利，没有理由要照顾消费者这个利益群体而忽略生产者的利益。更何况在一些兼并案中，如从事奢侈品生产的厂商间的横向兼并，尽管消费者未必比兼并厂商的所有者更富裕，但肯定比兼并厂商的工人要富裕的多。（3）大多数横向兼并是中间产品厂商间的兼并，买主和卖主均是厂商，没有证据表明财富应当根据厂商在产业链中的位置来分配。（4）公共政策之间本身存在一个合理分工问题，再分配问题应交由其他公共政策如税收、转移支付等宏观政策来解决。

然而，令人遗憾的是，Farrell 和 Katz（2006）的分析是有缺陷的。首先，

---

① 支持总福利标准的最近文献参见 Heyer, K.. Welfare Standards and Merger Analysis: Why Not the Best? [J], *Competition Policy International*, 2006, 2: 29 - 54.; Carlton, D. W. Does Antitrust Need to be Modernized? [J]. *Journal of Economic Perspectives*, 2007, 21 (3): 155 - 176.

② 威廉姆森著：《反托拉斯经济学——兼并、协约和策略行为》，经济科学出版社 1999 年版，第 8—10 页。

③ 通常，将 1 元钱从社会中富有的一方转移到相对贫穷的一方是增进社会总福利的行为，因为，这 1 元钱给穷人带来的效用要大于给富人带来的效用。

④ Farrell, J. and Katz, M. L. The Economics of Welfare Standards in Antitrust [J]. *Competition Policy International*, 2006, 2: 3 - 28.

在资源配置既定的前提下，对资源配置的改变应当是帕累托改进的，即在没有其他人利益受损的前提下，使一部分人的境遇变得更好。而这正是消费者剩余标准的核心思想，即一起横向兼并获得反垄断当局同意的充要条件是兼并厂商获得的效率改进应大到足以保证消费者剩余不受损害。也就是说，消费者剩余标准能够实现帕累托效率，增进社会总福利。而总福利标准则未必能实现帕累托效率，它往往会导致消费者利益受损的横向兼并获得通过。即便按照 Farrell 和 Katz 自己的逻辑——反垄断当局没有理由在不考虑生产厂商利益的情形下照顾消费者利益，那么，又有什么理由以消费者利益受损的代价来使兼并厂商的境遇变得更好呢？其次，虽然很多横向兼并案发生在中间品行业，但如果考虑到该兼并对终端消费者利益的影响，Farrell 和 Katz 的理由便不再成立。因为厂商成本增加的大部分会转嫁到终端消费者身上，尤其是终端需求无弹性时，中间品价格的上涨会全部转嫁到终端消费者身上，但厂商成本的下降却未必能大部分让渡给终端消费者。① 因此，当中间品厂商兼并导致其买方势力增大时，如果其对下游市场进行销售时缺乏市场势力，那么，兼并导致受损的仅仅是上游厂商；而如果其对下游市场进行销售时具有较强的市场势力，那么，终端的消费者最终将遭受损失。最后，如果由横向兼并引发的收入再分配问题可以由税收等其他公共政策无成本或低成本地予以调解，那么将再分配问题排除在横向兼并审查考虑的范围之外尚且可以理解，但事实上，这个成本是巨大的。一方面，公共政策的执行部门需要花费大量的成本去评估横向兼并造成的收入转移，而这项任务本身又是极其难以完成的；另一方面，兼并厂商以及从兼并中获利的利益方会有很大的动力去从事成本高昂且无效率的行动来降低被税务机构征税的可能和减少纳税额。

综上所述，收入再分配问题是进行横向兼并审查时不应该回避的一个重要问题，采用消费者剩余标准不仅可以避免为中和消费者剩余向生产厂商转移所产生的巨大费用，还可以实现帕累托改进，是一个可行的横向兼并审查

---

① 有关这方面的详细论述参见 Pittman，R. *Consumer Surplus as the Appropriate Standard for Antitrust Enforcement*. http：//lawprofessors. typepad. com/antitrustprof_ blog/files/consumersurplus. doc.

的合意标准。①

第三节 反垄断审查中的寻租与信息

尽管消费者剩余标准是一个可行、合意的反垄断审查标准，但这并不能确保消费者福利不受横向兼并的侵害。只有作为消费者利益代理人的反垄断审查机构严格地执行消费者剩余审查标准，消费者利益才能得到保证。而作为理性人的反垄断审查机构，其是否可以做到公正无私而不被兼并厂商俘获，在很大程度上又取决于信息的公开透明程度。

一、问题的提出

就中国的《反垄断法》来说，法律的条文内容无疑是全世界最短的一部法律，因此，它的规定相对来讲是粗线条的和原则性的，需要逐步建立很多相应的配套制度。相应地，在制度不完善到完善的这个过程中就可能会因法律规定不详而产生诸多问题，其中一个重要的问题便是寻租或贿赂。随着郭京毅受贿案②的曝光，在反垄断审查领域的腐败问题已经开始显现——由于企业提供低质量信息以及信息的不完备，使得在反垄断审查过程中执法机构可以根据信息情况寻找各种借口进行隐瞒和腐败活动，导致损害消费者福利的横向兼并获得通过。

根据“政府俘获（State Capture）”的理论，作为内部人的兼并厂商在横向兼并的过程中可以通过向反垄断审查机构或政府官员提供好处来影响法律、

① 张曦：“效率抗辩、反垄断审查标准与信息质量”，《商业研究》，2011年第8期，第56—63页。

② 在2004年至2007年间，原商务部条法司巡视员郭京毅先后两次收受国美电器公司110万元人民币为其通过“国美并购永乐”的反垄断审查提供帮助。

规则和规章制度的选择和制定。通过贿赂并俘获政府反垄断审查机构，兼并厂商就能够将它们自己的偏好变成整个市场经济博弈规则的基础，创造大量可能为特定部门和个人产生高度垄断收益的政策和制度扭曲，而这通常是以巨大社会成本和消费者福利损失为代价的。政府俘获问题产生的根源在于新兴市场经济国家转型过程中相对不引人关注的市场结构问题。即使是发达市场经济国家，在反垄断审查问题上也一直存在着政治游说等情况。实际上，在西方国家，“反垄断审查的游说”被视为是公民影响立法的正当形式，因为在市场经济社会，人们的利益并非铁板一块，利益的多元化必然带来法律上的博弈，各个利益团体之间就需要将自己的声音和利益诉求通过一个正常的渠道反映到法律的制定与执行过程中。但是，在承认“游说”合理性的基础上，西方国家通过法律防范“游说”，以杜绝法律执行中的腐败现象。例如，美国颁布了《游说信息披露法》和《外国代理人登记法案》，对“法律游说”进行规制。其一是“游说”必须信息公开，其二是防止金钱的不当干扰。

大量的研究表明，在许多新兴市场经济国家，反垄断审查机构实际上更具有代理人的角色。一方面反垄断审查机构作为政府的职能部门承担着兼并的反垄断审查、批准和维护消费者福利最大化的职责，另一方面审查机构也是由理性人组成的群体，也有其自身的利益。作为政府的代理人，反垄断审查机构有可能为了追逐自身利益而设租索贿。Johan 和 Paul（2005）[①] 的研究已经指出——在横向兼并审查中，兼并厂商提供的信息完备程度和游说贿赂将影响反垄断审查机构的政策决定。

二、模型与基本假定

不同于发达市场经济国家反垄断兼并审查的研究，作者从考虑新兴市场经济国家存在的委托代理关系入手，通过构建一个简单的三方博弈模型[②]，分

---

① Johan, N. M. and Paul, H. On the Desirability of an Efficiency Defense in Merger Control [J]. *International Journal of Industrial Organization*, 2005, 23: 803 - 827.

② 不考虑信息因素的简单三方博弈模型可以参见刘文革、周方召：“监管腐败与寻租博弈的经济学分析”，《学习与探索》，2006 年第 4 期，第 198—201 页。

析兼并厂商所提供的信息质量和贿赂对于反垄断审查机构决策的影响，从而得出更具现实意义的结论和可操作的政策建议。模型的基本假设如下：

（1）博弈的三方分别为政府监察部门（G）、反垄断审查机构（AA）和兼并厂商（M）。其中，政府监察部门是消费者利益的代言人。

（2）在反垄断审查机构和兼并厂商之间不存在贿赂行为的情形下，如果政府监察部门不进行监管，则反垄断审查机构和兼并厂商的额外收益均为零，此时，不够标准的横向兼并申请不会被通过，因此，政府监察部门作为消费者利益的代表也获得零收益，三方收益可以表示为（0，0，0）；如果政府监察部门进行监管复查并发生 S 的复查监管成本，则三方的收益可以表示为（-S，0，0）。

（3）在兼并厂商对反垄断审查机构进行行贿并使得不符合审查标准的横向兼并申请获得通过的情形下[①]，如果政府监察部门不进行监管复查，政府监察部门作为消费者利益的代表获得 $-k_1D$（$k_1>0$，代表有损消费者福利的横向兼并获得通过后给消费者带来的损失扩大系数）大小的负收益，而反垄断审查机构和兼并厂商分别获得 A 和 D 的额外收益，三方的收益可以表示为 $(-k_1D, A, D)$；如果政府监察部门进行了监管复查但未能发现贿赂行为，政府监察部门支出了 S 的监管成本而没有收益，反垄断审查机构和兼并厂商依然可分别获得 A 和 D 的额外收益，此时，三方的收益可以表示为 $(-k_1D-S, A, D)$；而如果政府监察部门进行了监管复查并发现了贿赂行为，那么反垄断当局和兼并厂商的额外收益将被没收并分别被处以 k_2（$k_2>0$）倍额外收益的罚款，此时，三方的收益可以表示为 $(k_2A+k_2D-S, -k_2A, -k_2D)$。

（4）由于作者的主要目的在于考察兼并厂商所提交信息质量对反垄断审查机构决定的影响，因此，在这里假设反垄断审查机构与兼并厂商之间存在贿赂行为的概率为 P_1，政府监察部门进行检查的概率为 P_2，政府监察部门查实确有贿赂行为存在的概率为 P_3。为了分析方便，假定政府监察部门查实

① Neven 和 Roller（2005）证实，在反垄断审查当局采用消费者剩余标准的前提下，兼并厂商只有在兼并有利可图但效率改进尚未达到消费者剩余标准的情形下才会行贿，且效率改进的程度越高行贿的动机越强（参见 Neven, D. J. and Roller, L. H. Consumer Surplus vs. Welfare Standard in a Political Economy Model of Merger Control [J]. *International Journal of Industrial Organization*, 2005, 23: 829－848）。

确有贿赂行为的概率 P_3 独立于检查的概率 P_2，不受其影响。① 决定 P_3 的主要因素是兼并厂商所提供的信息质量即虚假信息被证实的难度（或复杂程度）和核查信息的成本。$P_3 = f(S,b)(S > 0, b > 0)$，其中 b 表示兼并厂商提交给反垄断审查机构的信息质量或复杂程度，$S = S(\delta,b)$ 表示政府监察部门核查信息的成本，它取决于兼并厂商提供的信息数量和信息复杂程度。信息量越大，复杂程度越高，核查成本越高，即 $\partial S(\delta,b)/\partial\delta > 0$，$\partial S(\delta,b)/\partial b > 0$。在政府监察部门存在成本预算约束的条件下，当信息量超过某一定临界值 $\bar{\delta}$ 后，运用有限的成本预算去核实更多的信息意味着花费在每一条信息上的平均核查成本会更低，因而，信息的核查成本越高可以被近似地作为被查实存在贿赂行为的概率越小，即：

$$\left.\frac{\partial f(S,b)}{\partial\delta}\right|_{\delta\leqslant\bar{\delta}} \geqslant 0, \left.\frac{\partial f(S,b)}{\partial\delta}\right|_{\delta>\bar{\delta}} < 0 \tag{5-3}$$

同时，兼并厂商提供的信息复杂程度越高或被证实的难度越大，被查实存在贿赂行为的概率就越小，即：

$$\frac{\partial f(S,b)}{\partial b} < 0 \tag{5-4}$$

三、博弈分析

根据以上的假定条件，可以得到政府监察部门、反垄断审查机构以及兼并厂商三方的预期收益，分别为：

$$\pi_G = P_2\{P_1[P_3\times(k_2A + k_2D - S) - (1-P_3)\times(k_1D + S)] - S(1-P_1)\} - (1-P_2)P_1\times k_1D \tag{5-5}$$

$$\pi_{AA} = P_1P_2[(1-P_3)\times A - P_3\times k_2A] + AP_1(1-P_2) \tag{5-6}$$

$$\pi_M = P_1P_2[(1-P_3)\times D - P_3\times k_2D] + DP_1(1-P_2) \tag{5-7}$$

（5-7）式两边对 P_1 求一阶偏微分，可以得到兼并厂预期收益最大化的一阶条件：

---

① 由于本部分模型只考虑完全信息下的静态博弈，因此没有采用贝叶斯概率，而是假定 P_3 独立于 P_2，但这并不影响模型的基本结论。

$$P_2^* = \frac{1}{(1+k_2)P_3} \tag{5-8}$$

同理，（5－5）式两边对 P_2 求一阶偏微分，可以得到政府监察部门预期收益最大化的一阶条件：

$$P_1^* = \frac{S}{P_3[k_2A + (k_1 + k_2)D]} \tag{5-9}$$

将 $P_3 = f(S,b)$ 和 $S = S(\delta,b)$ 代入（5－7）式，并分别对 b 和 δ 求一阶偏微分可得：

$$\frac{\partial P_2^*}{\partial b} = \frac{-[\partial f(S,b)/\partial b] - [\partial f(S,b)/\partial S](\partial S/\partial b)}{(1+k_2)f^2(S,b)} \tag{5-10}$$

$$\frac{\partial P_2^*}{\partial \delta} = \frac{-[\partial f(S,b)/\partial S](\partial S/\partial \delta)}{(1+k_2)f^2(S,b)} \tag{5-11}$$

显然，（1）在兼并厂商提供的信息数量既定的前提条件下，由公式（5－10）可知，当 $\partial f(S,b)/\partial S < 0$ 时，$\partial P_2^*/\partial b > 0$，即在兼并厂商提供的信息量超过临界值 $\bar{\delta}$ 时，信息的复杂程度越高，政府监察部门进行监管复查的概率越大；（2）在兼并厂商提供的信息复杂程度既定的前提条件下，由公式（5－11）可知，如果 $\partial f(S,b)/\partial S < 0$，则 $\partial P_2^*/\partial \delta > 0$，即在兼并厂商提供的信息量超过临界值 $\bar{\delta}$ 的情形下，随着厂商信息量的增加，政府监察部门进行监管复查的概率变大。反之，监管复查的概率变小。

同理，将 $P_3 = f(\delta,b)$ 和 $S = S(\delta,b)$ 代入（5－9）式，并分别对 b 和 δ 求一阶偏微分可得：

$$\frac{\partial P_1^*}{\partial b} = \frac{f(S,b)(\partial S/\partial b) - S\{[\partial f(S,b)/\partial S](\partial S/\partial b) + \partial f(S,b)/\partial b\}}{[k_2A + (k_1 + k_2)D]f^2(S,b)} \tag{5-12}$$

$$\frac{\partial P_1^*}{\partial \delta} = \frac{f(S,b)(\partial S/\partial \delta) - S[\partial f(S,b)/\partial S](\partial S/\partial \delta)}{[k_2A + (k_1 + k_2)D]f^2(S,b)} \tag{5-13}$$

则：（1）在兼并厂商提供的信息数量既定的前提下，由（5－12）式可知，当兼并厂商提供的信息数量超过临界值 $\bar{\delta}$ 即 $\partial f(S,b)/\partial S \leqslant 0$ 时，信息的复杂程度越高，兼并厂商行贿的概率就越高，这就意味着兼并厂商总是具有提供复杂信息的动机，以便降低被政府监察部门查实贿赂行为的概率，使得有利可图但不达标的兼并通过贿赂的方式获得反垄断审查机构的通过；（2）在兼并厂商提供的信息复杂程度既定的前提下，当 $\partial f(S,b)/\partial S \leqslant 0$ 时，$\partial P_1^*/\partial \delta > 0$，这表明兼并厂商总是有提供过量信息的动机，通过降低预算成本约束下政府监察部门的单位信息核查成本来降低贿赂行为被发现的概率；而当 $\partial f(S,b)/\partial S > 0$ 时，如果 $f(S,b)/S > \partial f(S,b)/\partial S$，则 $\partial P_1^*/\partial \delta > 0$，反之，$\partial P_1^*/\partial \delta < 0$。也就是说，在信息量未超过临界值 $\bar{\delta}$ 的情形下，当政府监察部门的平均信息核查支出的核实概率大于边际支出的核实概率时，随着兼并厂商提供的信息数量的增加，政府监察部门进行监管复查并查实兼并厂商行贿和/或反垄断审查机构受贿的概率的增加率逐渐变小，理性的兼并厂商和反垄断审查机构预料到这一点后，双方进行行贿受贿的概率会随着信息量的增加而逐渐变大。反之，贿赂行为发生的概率将随兼并厂商提供的信息量的增加而减小。

四、结论

在一个信息不对称的市场中，如果兼并有利可图但却不能通过反垄断审查，兼并厂商总是具备行贿的动机。通过将信息引入到一个简单的三方委托代理模型后，我们发现：当兼并厂商意识到政府监察部门存在信息核查预算成本时，它的最优行动是利用自身的信息优势来提供过量的信息和复杂的信息，以降低政府监察部门监管复查并查实存在贿赂行为的概率，使得一项效率改进达不到消费者剩余标准的横向兼并获得通过。这是因为理性的兼并厂商知道：在存在信息核实成本的前提下，其提供的信息越少越简单，政府监察部门验证这些信息的成本越低，证实其真伪的可能性越高。而反垄断审查当局当然也会预见到这种结局，所以其以信息不足导致决策错误为借口进行设租或索贿的可能性就变小，兼并申请获得通过的可能性就变小。

第四节 反垄断审查程序的信息公开问题

通过本章第二节和第三节的分析可知，在横向兼并的反垄断审查中，以消费者剩余作为横向兼并反垄断审查的标准不仅是一个理论上的合意标准，而且被欧美发达国家的反垄断审查机构付诸于实践，但是，由于兼并厂商在反垄断审查过程中提供的信息的不完备性和信息过量可以被理性的反垄断审查机构作为借口来进行索贿，从而会在反垄断审查中滋生出贿赂和腐败等问题，使得一些本不应该通过的有损于消费者福利的横向兼并获得通过。要想确保消费者利益不受横向兼并的侵害，在反垄断审查中，除了设法要提高企业所提供的信息质量之外，还要考虑反垄断审查过程本身的信息公开问题。公开、透明、公正、合理的反垄断审查会减少甚至于杜绝反垄断审查过程中的腐败问题发生。

根据中国《反垄断法》第二十八条的规定，经营者集中具有或者可能具有排除、限制竞争效果的，国务院反垄断执法机构应当作出禁止经营者集中的决定。对于达到何种水平即构成具有或者可能具有排除、限制竞争效果的，反垄断执法机关实际上具有很大的自由裁量权。具体来说，《反垄断法》第二十七条规定的审查经营者集中的相关因素，均会影响反垄断执法机关认定是否具有或者可能具有排除、限制竞争效果。第二十七条规定的因素包括：

“（一）参与集中的经营者在相关市场的市场份额及其对市场的控制力；

（二）相关市场的市场集中度；

（三）经营者集中对市场进入、技术进步的影响；

（四）经营者集中对消费者和其他有关经营者的影响；

（五）经营者集中对国民经济发展的影响；

（六）国务院反垄断执法机构认为应当考虑的影响市场竞争的其他因素。”

根据第三章的理论分析以及国际反垄断法的一般实践，横向兼并后的市场份额以及相关市场的集中度，一般是审查中最为关键的因素。但是，其他因素在不同的案件中也会产生不同的影响。一般而言，如果市场高度集中，交易双方的市场份额很高，而且市场进入门槛较高，其他竞争者不易进入，反垄断执法机关有可能认定，该项横向兼并会产生显著的单边效应，如果同意该项兼并申请会对竞争产生排除或者限制的影响。

中国的反垄断审查执法机关自《反垄断法》实施以来，先后出台了一系列规定和暂行办法（目前多数尚处于征求意见阶段）以细化经营者集中申报及审查的相关程序，但在相关文件中尚未有明确提及达到何种水平即构成具有或者可能具有排除、限制竞争效果。

根据《反垄断法》第二十九条规定，“对不予禁止的经营者集中，国务院反垄断执法机关可以决定附加减少集中对竞争产生不利影响的限制性条件。”不过，该条款并未明确规定，究竟可以附加哪些限制性条件。因此，在这方面，反垄断执法机关也享有极大的自由裁量权。一般来说，各国反垄断主管机关对于有条件批准的经营者集中所附加的限制性条件，大致可以分为三类：第一类是剥离参与集中的经营者的部分资产或业务（结构补救）；第二类是要求参与集中的经营者开放其网络或平台等基础设施、许可关键技术等（行为补救）；第三类是结构性条件和行为性条件相结合的综合性条件（有关补救措施的详细分析见第六章）。

由于中国的《反垄断法》属于一个粗线条的原则性条款，反垄断审查机构具有非常高的自由裁定权，这样，对于法律条框中提到的其他因素等内容的解释，就可以根据厂商提供信息的情况进行自由裁定，如果其中的审查信息不公开透明，就容易导致腐败问题的发生，使得反垄断审查机构作出有悖于消费者福利的决定。

许多新兴市场经济国家反垄断审查中的腐败往往滋生于这样一种情形：决策过程缺乏透明度和参与权。譬如，未经咨询就起草法律和法规，并局限于传阅征求意见，不受制于公开听证；法律和法规草案的批准通过没有负责官员的清楚指令。更为严重的是，许多反垄断审查的决策是基于行政法令，而且很少开展评论、信息发布、咨询和反馈的程序。这样的环境为各种形式的不法影响创造了机会，并限制了反垄断审查执法过程中的信息公开和透明。此外，在许多新兴市场经济国家，反垄断执法审查的正式程序还强烈受到官僚程序的影响。因而，作为一个新兴市场经济国家，中国要减少甚至杜绝反垄断审查执法过程中的腐败就必须对反垄断审查执法的决策正式程序进行改革，对反垄断审查的程序进行更好的设计和改进，以提高反垄断审查执法过程中的信息透明度。

第五节 反垄断政策的启示

威廉姆森（1968）权衡理论的提出使得效率因素成为横向兼并审查考虑的一个重要因素并得到了美国和欧盟的认可，与此同时，还引发了一场关于横向兼并的反垄断审查标准之争。由于总福利标准忽略了收入再分配问题，将财富从消费者向生产者的转移视为中性，且该标准本身存在逻辑混乱的问题，因此，不适合作为反垄断审查的标准。相反，消费者剩余标准是一个可以实现帕累托效率改进的标准，而且易于执行，是一个可行的合意审查标准。而一个合意的审查标准本身并不能确保消费者利益免受横向兼并的侵害，确保审查标准被公正无私、忠实地执行的一个关键问题是预防反垄断审查中的寻租（腐败或行贿受贿）问题，这对新兴经济国家尤为重要。

在反垄断审查过程中，兼并厂商与反垄断审查机构之间客观上存在信息的不对称，再加之理性的经济人是以自身利益的最大化为行事准则，这就为反垄断审查机构以信息不完备或信息过量为借口索贿提供了可能，使得一些本不能通过的横向兼并申请有可能获得通过。反垄断受贿可能性的大小取决于兼并厂商提供的信息质量。兼并厂商提供的信息质量越高，反垄断审查机构接受贿赂的可能性就越低。因此，要设法提高兼并厂商所提供的信息质量。此外，还要考虑反垄断审查过程本身的信息公开问题。公开、透明、公正、合理的反垄断审查有利于避免至少是减少反垄断审查过程中的腐败问题。

对中国而言，由于《反垄断法》是一部原则性的法律，相关的配套法律法规和执行细则还很欠缺，提高反垄断审查中的信息透明度可以考虑采取以下一些措施：推行强制性公开听证会，讨论反垄断法律规章的标准，探讨完善详细信息内容的披露制度；借鉴某些国家在起草规章过程中要求进行管制性影响评论的做法，设立对所通过的反垄断法律有可能产生腐败影响的评估程序；推行“阳光”规定，要求公开参与大范围的政府听证会；或倡导公布决策过程中特定阶段的会议记录；通过与实施信息自由立法，允许事后使用决策过程中的政府文件；使用电子政府系统，鼓励对起草法律和规章进行咨询和公开评论；在关键行业设立监管机构和咨询委员会，恳求特定领域里的相关者广泛参与；强化公务员对特定规章和相关指示的个人问责制；强制性公开披露会议投票情况；强制性公开司法判决和诉讼案进度；增加经济学家在反垄断审查中的话语权等。

第六章

横向兼并的补救措施

在对横向兼并进行反垄断审查时，为预防横向兼并可能产生的单边效应和协调效应，反垄断当局在采纳效率辩护的同时，可以运用各种补救措施来消除潜在的反竞争效应和/或恢复市场竞争。然而，补救措施本身也有缺陷，这就要求反垄断当局审慎运用补救措施。

第一节 补救措施的类型

由于横向兼并将提高行业的集中度，并有可能形成单边效应和/或协调效应，对现有市场的竞争构成伤害，凡是达到一定规模的横向兼并，各国一般都要求兼并方进行事前申报①，只有在通过反垄断当局的审查后方可实施。在美国和欧盟，反垄断当局对横向兼并申请的处理一般有三种方式。一是直接禁止。这是最严厉的一种控制措施。如果在反垄断当局的审查中发现，兼并

① 各国有关这方面的规定见本书第91页脚注①。

申请如获批准将实质性减少竞争或严重妨碍有效竞争[①]，则该兼并申请将被驳回。二是无保留同意。这种情况一般出现在如下的市场上：厂商较多，竞争激烈，兼并不会实质性改变市场的竞争状态。三是有条件同意，即在附带一定条件下同意兼并。如果反垄断当局经过审查，对兼并引起的有关竞争问题存有疑虑，则可以要求兼并各方提出补救措施以消除潜在的反竞争效应或恢复市场竞争。这种情况在美国和欧盟是极为普通的。事实上，欧盟近些年对存在潜在反竞争问题的横向兼并大多都是采用这种方式获得批准的。[②]

我们把允许厂商横向兼并所附加的条件称为兼并的补救措施[③]（Merger Remedy）。如图 6－1 所示，按照补救性质来划分，横向兼并的补救措施大致可以分为两类[④]，一类是非结构性补救措施（Non－structural Remedies），即行为性补救措施（Behavioral Remedies）。另一类是结构性补救措施（Structural Remedies），主要是资产剥离（Divestiture）。对同一横向兼并案，反垄断当局一般仅仅要求实施上述两类补救措施中的一类，但也有可能会要求搭配使用两种措施。

---

① 美国的反垄断法采用的是 SLC（substantially lessening of competition）标准。《克莱顿法》第 7 条规定，如果兼并将导致竞争程度下降，则任何人不得直接或间接取得其他公司的全部或部分股份。这一规定在 1950 年通过的《塞勒—凯弗维尔反兼并法》（Celler－Kefauver Anti－merger Act）中得到了进一步修正。该法案扩大了财产取得的范围，并进一步明确了禁止兼并的前提是兼并导致实质性地减少竞争。欧盟的反垄断法（或竞争法）采用的是 SIEC（substantially impede effective competition）标准。欧盟 2004 年颁布的《横向兼并指南》中明确要求：反垄断当局在分析横向兼并时必须以"兼并是否会严重妨碍共同体或其相当区域内的有效竞争"为基础，以保证任何兼并不会构成对有效竞争的损害，从而使得共同体内的消费者能够享受有效竞争所带来的价格、产品质量和产品选择方面的利益。可见，无论是欧盟的 SIEC 标准还是美国的 SLE 标准，都是以横向兼并是否会对有效竞争造成实质性损害以及导致消费者福利受损来决定是否应对横向兼并申请予以禁止。

② 从 1990 年到 2009 年 3 月 30 日，欧盟委员会共批准了 271 件以资产剥离为附加条件的兼并案例，占整个兼并案的 7%。有关这方面的详细数据可以查阅欧盟委员会的《竞争政策年度报告》。

③ 严格意义上讲，兼并的补救措施还包括纵向兼并或纵向一体化的补救措施，但本书只考虑横向兼并问题。

④ 值得指出的是，知识产权补救措施视具体情况既可以归入结构性补救措施，也可以划入行为性补救措施，本书对此不做具体分类，也就是说，在后续有关行为性补救措施和结构性补救措施的论述中，均不单独对此进行阐述。

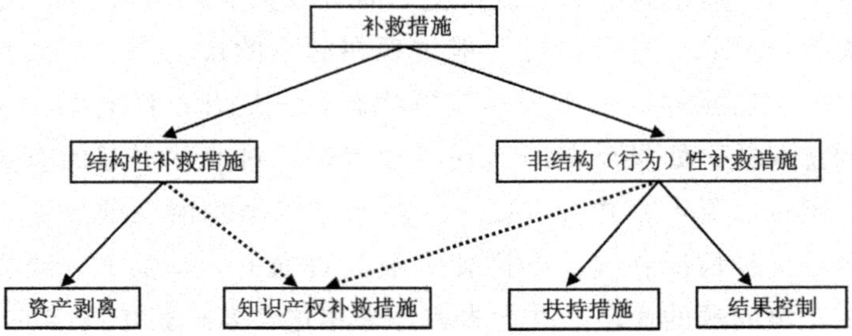

图 6－1　横向兼并的补救措施

一、行为性补救措施：行为管制

行为性补救措施主要旨在规范兼并方在横向兼并完成后的行为，以解决横向兼并所产生的不利影响，尤其是可能造成实质性减少竞争（SLC）的反竞争效应。当反垄断当局对横向兼并的竞争效果持有疑虑时，为预防横向兼并反竞争效果的出现，反垄断执法机构将依据横向兼并的预期反竞争效应，要求兼并方承诺在兼并完成后必须做出或者不得做出某种行为。这些承诺可能涉及消费者服务、交易行为、经营管理等各个方面。参与兼并的各方必须接受和承诺这些行为限制并接受反垄断执法机构对这些限制的执行情况的监管。

一般而言，行为性补救措施主要包括两大类：（1）扶持措施。这类措施旨在清除竞争障碍或刺激潜在竞争，主要作用是防止兼并方限制竞争者接触其客户。譬如，限制兼并方要求其顾客签订长期契约或排他性契约的能力、制造顾客转换成本的能力或者捆绑销售特定产品的能力。（2）结果控制措施。这类措施主要作用是控制横向兼并的预期反竞争效应。通常这类措施包括价格上限、供应承诺等。

反垄断当局一般只在结构性补救措施不可行、预计横向兼并只会在较短的时期内[①]造成竞争的实质性减少，或者行为性补救措施有助于更好地维护消

① 例如，专利期或排他性契约在 2 年内到期。

费者的利益[①]时，才会采取行为性补救措施。当然，行为性补救措施也可能作为结构性补救措施的补充搭配使用。

行为性补救措施虽然执行起来比较快捷，但通常要求反垄断当局持续较长时间的监管和控制，不仅成本巨大，而且使反垄断当局越来越像规制机构，并有可能造成市场扭曲，这与反垄断当局的职能定位相冲突，因此行为性补救措施在美国和欧盟被反垄断当局视为是一种次优选择。

二、结构性补救措施：资产剥离

结构性补救措施是通过改变产权配置来恢复相关市场竞争结构的一次性补救，即强制性地将参与横向兼并的厂商的一部分资产或业务转让给一个相关市场上的现实竞争者或潜在竞争者，以维持兼并前的行业竞争水平。

横向兼并的一个直接后果就是使兼并所形成的兼并实体获得了比兼并前单个厂商更大的市场份额，从而有可能产生或加强其市场势力，对竞争造成伤害。结构性补救措施的初衷就在于通过资产剥离来直接引入一个新的竞争者或加强其他竞争者的竞争实力，藉此矫正兼并后的市场结构，以期恢复兼并前的竞争水平。

结构性补救措施由于是一次性的，所以受到美国和欧盟反垄断当局的青睐。正如欧盟补救措施通告（European Commission's Notice on Remedies）中所说的："当拟进行的兼并导致创造或加强兼并者的占优地位进而削弱有效竞争时，除直接禁止之外，恢复有效竞争的最有效办法就是通过资产剥离来创造可以使新竞争者便利进入或加强现有竞争者实力的条件"。但不可忽视的一点是结构性补救措施具有较大的风险。其中，最大的风险来自于资产剥离时可能找不到合适的买家，从而不能成为一个有效的竞争者，造成实质性的竞争损害。

① 这是相对于结构性补救措施而言的。在这种环境下，若采用结构性补救措施，消费者会丧失大部分相关利益。尽管这样的情形不多，但最近的一个案例足以说明存在这样的可能——2008 年的 The Macquarie UK Broadcast Ventures VS National Grid Wireless Group inquiry。

第二节 行为性补救措施

从大的方面讲，行为性补救措施可以分为扶持措施和结果控制措施两大类，进一步，扶持性措施又可细分为接入措施和限制市场势力措施，结果控制措施又可细分为价格上限措施。由于行为性补救措施不仅有可能导致规范风险、欺骗风险、扭曲风险以及监管与执行风险，还要求反垄断当局必须进行跟踪监控，这大大地局限了其实用性和有效性。

一、扶持措施

（一）接入补救措施

接入补救措施旨在通过使竞争者能够以公平合理的条款接入兼并方的产品和设施来维持或恢复市场竞争。一项接入补救措施通常需要详细规定兼并者的接入义务，以便顾客和监管者能迫使兼并方有效地执行接入义务。这种义务不仅要规定兼并者所提供产品或设施的具体标准，如质量和技术参数、产品或设施的供应条款，还要约定服务水平和基准价格。[①] 如果接入义务规定的不够具体，容易产生规范风险[②]（Specification Risk），使得兼并者能够轻易逃避承担接入承诺的义务。在这种情况下，结构性补救措施可能更为有效。为了克服规范风险，反垄断当局通常会要求接入补救措施应当明确包含适用于未来变化的条款。例如，在那些可能经常发生技术进步或市场范围扩展的市场，如果在产品规格或供应协议中没有包括适用于这些变化的条款，那么这种接入补救措施失效的可能性就非常大。当然，显著的技术进步也可能削

① 有关服务水平和基准价格的规定涉及相当复杂的问题。

② 规范风险指的是对兼并者的行为要求规定的详细程度不足，以至于不能成为反垄断当局进行有效监管并督促兼并者切实履行的基础。

弱源于横向兼并所产生的市场势力。

在一些供应协议中，一些对竞争性接入可能是非常重要的要素难以明确规定，例如，产品支持的质量，系统升级的优先权等等。这些要素会导致接入供应中的“隐形歧视（Soft Biases）”，这种“隐性歧视”将滋生极大的欺骗风险并将显著削弱接入补救措施的适用性。在特定的环境下，这种供应协议可以简化为责成兼并方以公平合理、无歧视性（FRND）条款供应某种特殊产品，即以向厂商内部供应一样或基本接近的条款向外部客户供应。为了保证这种措施的有效性，FRND 条款必须规定的非常清晰，以便于客户和监管者督促兼并者有效执行。①

（二）限制市场势力措施

一旦横向兼并使兼并者获得了市场势力，它就有可能以不同的形式运用市场势力来限制竞争。这些形式主要包括：（1）强迫顾客签订长期合约或排他性合约；（2）通过数量折扣、违约罚款或复杂的转换程序等方式制造顾客的转换成本；（3）捆绑或搭售特定商品；（4）选择性打折或掠夺定价。限制市场势力措施就是约束、限制兼并者运用市场势力构筑进入壁垒的能力。这类补救措施包括禁止、限制或打击上述限制竞争的行为。在运用这类措施时，一方面反垄断当局要评估兼并者从事上述行为的动机和能力，另一方面还要考虑采用什么样的措施才能有效阻止或限制上述行为以及采用这类措施的代价。例如，兼并者运用长期契约或排他性契约可能会构筑起显著的进入壁垒。然而，如果在被调查的市场上，厂商需要有很大的投入（比如，通过投资新的设施或系统）才能获得新的客户，那么要求所有的契约是短期契约就有可能产生明显的扭曲风险②（Distortion Risk），因为这将降低厂商为争取新合约而竞争的激励——厂商可能没有足够大的机会来收回投资。因此，反垄断当局在运用限制长期合约的措施时必须要在有利于客户转换厂商和确保厂商有

① 运用 FRND 条款也会引发另外一个问题：兼并者通过对厂商内部和外部客户同时收取高价，来削弱竞争者的实力。

② 扭曲风险指的是行为性补救措施有可能产生市场扭曲从而降低这些措施的有效性或增加了其有效性的成本。扭曲风险既可能源于行为性补救措施忽略了市场信号或也可能源于行为性补救措施鼓励了厂商的欺骗行为。

足够大的激励去争夺新合约之间进行权衡。

二、结果控制措施

结果控制措施旨在限制横向兼并的预期反竞争效应，主要包括价格上限、供应义务和服务水平承诺等。从有效性和成本的角度看，这类补救措施具有明显的缺陷：（1）难以规定合适的参数且易于造成规范风险（Specification Risks）。在相关市场的价格不稳定、产品或服务是差异性的等条件下，这种劣势尤为明显。（2）忽略了市场信号，随着时间的推移易于导致实质性的扭曲风险（Distortion Risks），进而削弱其有效性。譬如，价格上限可能会阻止进入，供应义务可能会降低产品创新的激励。（3）易于遭受来自兼并者的欺骗风险（Circumvention Risks）。例如，厂商可能会利用信息的不对称性通过降低产品质量来实质性地规避价格上限措施的约束。（4）存在很大的监管与执行的风险①（Monitoring and Enforcement Risks）。尤其是当补救措施相当复杂时，不仅监管和执行的代价高昂，而且其有效性将大大降低。由于结果控制存在上述明显的缺陷，反垄断当局只有在其他措施不可行或不合适时才运用这类措施。

三、运用行为补救措施需注意的问题

无论是哪种形式的行为性补救措施，就其性质而言，大多要求某种形式的持续规制或监控，再加之某些形式的补救措施易于规避，容易失效，这就要求反垄断当局在横向兼并案获得批准并付诸实施后的一个较长时期里投入一定的人力资源和物质资源，但受制于自身的定位或功能，反垄断当局可能难以做到这一点。更何况，有些问题是规制机构都难以解决的问题，这对于缺乏行业专业知识的反垄断当局更是如此。例如，兼并者可能会采取比较微

① 监管与执行风险指的是由于监管所需信息的复杂性、信息的不对称性、监管资源的有限性、快速变化的市场等原因使反垄断当局即便在行为性补救措施规定的非常清晰的情况下也难以有效监督兼并者忠实履行的风险。

妙的提高价格、降低质量，以产能不足来为漏装漏发、延迟交货、减少服务等不同形式的措施来履行反垄断当局要求的供应义务，如果没有专业人员的持续的严密的监控，这项补救措施就变成了一项无法兑现的诺言，从而实质性地减少了市场竞争。事实上，即便是像不歧视这样一项看似比较容易监督的义务也有可能难以切实有效执行，因为歧视常常会发生在不同方面并具有不同的特点。

值得指出的是，当行为性补救措施涉及知识产权剥离时，如一项旨在保护竞争厂商获得关键技术从而便于它们进入市场的行为性补救措施，也可能会出现相同的问题。这类行为性补救措施的实施通常需要兼并者与获准接受剥离资产的受让人之间进行一定时期（通常是较短时期）的合作。由于这个受让人不是兼并者现实的竞争对手就是兼并者潜在的竞争对手，因此，兼并者具有很强的消极合作的激励，此时，反垄断当局很难给予兼并者适当的激励使其在约定的时期内与受让人开展积极有效的合作。

总之，行为性补救措施不仅有可能导致规范风险、欺骗风险、扭曲风险以及监管与执行风险，还要求反垄断当局必须进行跟踪监控，这大大地局限了其实用性和有效性。因此，反垄断当局在选择运用行为性补救措施时一定要权衡利弊、斟酌使用，尽可能提高其有效性。

第三节　结构性补救措施

第三章的分析表明，没有效率改进或成本协同效应的横向兼并必将诱使兼并者行使其市场势力，导致价格提高，消费者福利受损。为了预防兼并后的新厂商滥用市场势力，消除横向兼并可能在特定地域市场上的反竞争影响，反垄断当局可以有选择地运用结构性补救措施或/和行为性补救措施来恢复相关市场上的竞争。行为性补救措施因需要反垄断执法机构在兼并后的长时期监管而难以执行，反之，结构性补救措施因其一次性且可以通过引入新的竞争者或加强市场上业已存在的竞争者的竞争实力而成为反垄断当局的优先选择。

资产剥离作为有条件同意兼并的附加条件虽然在实践中被广为运用，但缺少理论的支持。它是否确如反垄断当局所信奉的那样可以实质性地削弱横向兼并的反竞争效应，进而提高消费者福利水平？基于古诺模型的分析表明，合理的资产剥离可以有效地抑制横向兼并的单边效应，提高消费者福利水平。但是资产剥离也不是没有问题，需要反垄断当局审慎运用。

一、基于古诺模型的资产剥离

借鉴 Perry 和 Porter（1985）成本函数构造的基本思路，本节通过构建一个简单的古诺产量竞争模型来进行比较静态分析，所不同的是：①本书的成本函数是一次线性的，而非二次函数[①]；②本书分析的重点是比较分析对兼并参与者的资产进行部分剥离后的市场均衡价格的变化情况。为此，模型假定：

（1）横向兼并需通过反垄断当局的审查方可实施，审查的标准是消费者福利标准，即兼并不能导致消费者福利受损，只有兼并后的价格不低于兼并前的市场水平，兼并才能获得批准。

（2）兼并参与者被剥离的资产可以出售给市场上的竞争者，也可以出售给新的或潜在的进入者。一种可行的出售方式是拍卖。

（3）厂商间生产的是同质产品，进行产量竞争，且兼并前和兼并后的市场都是古诺市场。

（4）厂商间的技术相同。令 t 表示生产技术，有 $t_1 = t_2 = \cdots = t_n = t > 0$。

（5）市场需求函数是线性连续可微的。为了方便，我们直接用反需求函数 $P = 1 - Q$ 来表示市场的需求函数，其中，行业总产出 $Q = \sum_{i=1}^{n} q_i$，，$q_i(i = 1,\cdots,n)$ 是厂商 i 的产出。需求函数满足 $P' < 0$，即价格随着产出的增加而下降。

（6）给定资产和技术的情况下，厂商的产品边际成本恒定不变。不失一般性，我们假设厂商的成本函数是其拥有的资产（或资本）和生产技术的函

① 本书构造的成本函数与 Motta 和 Vasconcelos（2005）的成本函数本质上是一致的。

数。厂商拥有的资产越多，则边际产品成本越低；厂商拥有的生产技术越先进，则边际产品成本越低；厂商的固定成本由其拥有的资产量决定。令 $k(k>0)$ 表示资本，则厂商 i 的成本的函数可以表示为 $C_i(q_i,k_i)=k_ig+tq_i/k_i$，满足 $C'_k=\frac{\partial C}{\partial k}<0, C''_k=\frac{\partial^2 C}{\partial k^2}>0$，即成本函数是凸函数（我们可以将固定成本理解为进入行业的沉淀成本或专用资产投资，g 可以理解为折现系数）。显然，厂商的边际成本函数是恒定不变的：

$$C'_i(q_i,k_i)=\frac{t_i}{k_i}$$

（7）不存在资产组合的协同效应。即兼并不能产生类似于技术进步的效应——提高单位资产的生产能力，从而改变厂商的成本函数。兼并所带来的好处仅在于一是减少了竞争对手（在不考虑将资产剥离给潜在进入者时），增强了兼并者的市场势力，二是兼并导致资产的增加，进而可以降低边际成本。

（8）每个厂商追求利润最大化。即厂商按照利润最大化原则来做决策。令 $\sum_{j=1,j\neq i}^{n}q_j$ 表示除厂商 i 外的行业总产出，则厂商 i 的利润函数为：$\pi_i=P(q_i,\sum_{j=1,j\neq i}^{n}q_j)q_i-C_i(q_i,k_i)$。进一步，每个厂商的利润非负，即 $\pi_i\geqslant 0$。

根据上述条件，兼并前的市场均衡产出①和均衡价格可以通过解函数 $\max \pi_i=P(q_i,\sum_{j=1,j\neq i}^{n}q_j)q_i-C_i(q_i,k_i)$ 获得。古诺纳什均衡解为：

$$q_i^*=\frac{1}{n+1}\left(1-n\frac{t_i}{k_i}+\sum_{j=1,j\neq i}^{n}\frac{t_j}{k_j}\right) \tag{6-1}$$

$$Q^*=\frac{1}{n+1}\left(n-\sum_{i=1}^{n}\frac{t_i}{k_i}\right) \tag{6-2}$$

$$P^*=\frac{1}{(n+1)}\left(1+\sum_{i=1}^{n}\frac{t_i}{k_i}\right) \tag{6-3}$$

---

① 均衡产出非负意味着参数要满足条件：$1-n\frac{t}{k_i}+\sum_{j=1,j\neq i}^{n}\frac{t}{k_j}\geqslant 0$。

进而，我们可以求出兼并前均衡状态下每个厂商的利润①：

$$\pi_i^* = \frac{1}{(n+1)^2}\left(1 - n\frac{t_i}{k_i} + \sum_{j=1,j\neq i}^{n}\frac{t_j}{k_j}\right)^2 - k_i g \tag{6-4}$$

（一）对称情形

由于横向兼并需要满足反垄断当局的审查标准，因此，我们要比较兼并前后的市场均衡价格，考察在什么条件下兼并后的市场均衡价格满足不高于兼并前市场均衡价格的条件，同时验证在满足消费者福利标准的情况下，兼并者是否有动力发起兼并。为此，我们首先比较兼并前的均衡价格与无资产剥离兼并后的均衡价格，然后再比较兼并前的均衡价格与反垄断当局强制兼并者剥离其资产后的均衡价格。后者又进一步分为剥离给竞争对手和剥离给潜在进入者两种情况。

考虑到一个双寡头合并为垄断厂商一般不能获得反垄断当局的审批，因此，在以下的分析中我们假定市场上的厂商数量大于等于3，每个厂商拥有相同数量的资本，即 $k_1 = \cdots = k_n = k, (n \geq 3)$。

1. 兼并前的均衡解

由公式（6－1）至公式（6－4），可以得到兼并前各厂商的均衡产出、均衡价格和每个厂商的利润。

$$q_i^b = \frac{1}{n+1}\left(1 - \frac{t}{k}\right) \tag{6-5}$$

$$Q^b = \frac{n}{n+1}\left(1 - \frac{t}{k}\right) \tag{6-6}$$

$$P^b = \frac{1}{n+1}\left(1 + n\frac{t}{k}\right) \tag{6-7}$$

$$\pi_i^b = \frac{1}{(n+1)^2}\left(1 - \frac{t}{k}\right)^2 - kg \tag{6-8}$$

---

① 利润非负要求参数要满足条件：$\frac{1}{(n+1)^2}\left(1 - n\frac{t}{k_i} + \sum_{j=1,j\neq i}^{n}\frac{t}{k_j}\right)^2 > k_i g$

2. 无资产剥离情形下兼并后的均衡分析

当任意两家厂商进行横向兼并后，市场上厂商的数量将减少为 $n-1$。两家厂商兼并后所形成的新厂商将拥有 $2k$ 的资产（是竞争者规模的两倍）。根据上面给定的成本函数，随着资产数量的增加，边际成本将显著下降，因此，兼并后的厂商将获得成本优势，但这种成本优势还不足以将竞争对手驱逐出市场，即兼并后的市场均衡价格依然高于竞争对手的边际成本，否则，市场结构将变成垄断，这是反垄断当局所不能容忍的。

在这种情形下，每家厂商仍然按照自身利润最大化的原则来选择产量，因此，根据每个厂商的一阶条件，我们可以求出兼并后的市场均衡解。不失一般性，令厂商 $n-1$ 和厂商 n 兼并，兼并后的兼并实体为厂商 Dominant Firm（简记为 d），其竞争对手为厂商 Follow firms（简记为 f），则一阶条件可表示如下：

$$\begin{cases} 1-2q_d-\sum_{i=1}^{n-2} q_f=\dfrac{t}{2k} \\ 1-2q_f-q_d-\sum_{j\neq i} q_j=\dfrac{t}{k} \end{cases} \Rightarrow \begin{cases} q_d^a=\dfrac{1}{n}\left(1+\dfrac{n-3}{2}\dfrac{t}{k}\right) \\ q_f^a=\dfrac{1}{n}\left(1-\dfrac{3t}{2k}\right) \end{cases}$$

均衡状态下的总产出和价格分别为：

$$\begin{cases} Q^a=\dfrac{1}{n}\left[n-1-\dfrac{(2n-3)t}{2k}\right] \\ P^a=\dfrac{1}{n}\left[1+\dfrac{(2n-3)t}{2k}\right] \end{cases}$$

各厂商的利润为：

$$\pi_d^a=\frac{1}{n^2}\left(1+\frac{n-3}{2}\frac{t}{k}\right)^2-2kg$$

$$\pi_f^a=\frac{1}{n^2}\left(1-\frac{3t}{2k}\right)^2-kg$$

命题 1：只有满足条件 $\dfrac{2}{n+3}\leqslant\dfrac{t}{k}\leqslant\dfrac{2}{3}$，才能保证兼并后价格不至于上涨。

证明：$P^a\leqslant P^b\Leftrightarrow\dfrac{1}{n}\left[1+\dfrac{(2n-3)t}{2k}\right]\leqslant\dfrac{1}{n+1}\left(1+n\dfrac{t}{k}\right)\Leftrightarrow\dfrac{2}{n+3}\leqslant\dfrac{t}{k}$

进一步，要保证每个厂商的产量非负，即 $q_i = \frac{1}{n}\left(1 - \frac{3t}{2k}\right) \geqslant 0$，参数需要满足 $\frac{t}{k} \leqslant \frac{2}{3}$。命题证毕。

接下来，我们讨论兼并者的获利性。

只有兼并后新厂商 d 的利润至少不低于兼并前厂商 $n-1$ 和厂商 n 的利润和，厂商 $n-1$ 和厂商 n 之间的兼并才有可能进行。即，兼并可行的前提条件需满足

$$\pi_d^a \geqslant \pi_{n-1}^b + \pi_n^b$$

$$\Leftrightarrow \frac{1}{n^2}\left(1 + \frac{n-3}{2}\frac{t}{k}\right)^2 - 2kg \geqslant \frac{1}{(n+1)^2}\left(1 - \frac{t}{k}\right)^2 - kg + \frac{1}{(n+1)^2}\left(1 - \frac{t}{k}\right)^2 - kg$$

$$\Leftrightarrow \frac{1}{n^2}\left(1 + \frac{n-3}{2}\frac{t}{k}\right)^2 \geqslant \frac{2}{(n+1)^2}\left(1 - \frac{t}{k}\right)^2$$

$$\Leftrightarrow \left(\frac{1}{n} + \frac{n-3}{2n}\frac{t}{k}\right)^2 - \left(\frac{\sqrt{2}}{n+1} - \frac{\sqrt{2}}{n+1}\frac{t}{k}\right)^2 \geqslant 0$$

$$\Leftrightarrow \left(\frac{1}{n} + \frac{n-3}{2n}\frac{t}{k} + \frac{\sqrt{2}}{n+1} - \frac{\sqrt{2}}{n+1}\frac{t}{k}\right)\left(\frac{1}{n} + \frac{n-3}{2n}\frac{t}{k} - \frac{\sqrt{2}}{n+1} + \frac{\sqrt{2}}{n+1}\frac{t}{k}\right) \geqslant 0$$

$$\Leftrightarrow \left(\frac{1}{n} + \frac{n-3}{2n}\frac{t}{k} - \frac{\sqrt{2}}{n+1} + \frac{\sqrt{2}}{n+1}\frac{t}{k}\right) \geqslant 0$$

$$\Leftrightarrow \frac{t}{k} \geqslant \frac{2(\sqrt{2}-1)n - 2}{(n-3)(n+1) + 2\sqrt{2}n}$$

令 $F(n) = \frac{2}{n+3} - \frac{2(\sqrt{2}-1)n - 2}{(n-3)(n+1) + 2\sqrt{2}n}$，有 $F(n) = \frac{(4-2\sqrt{2})n^2 + 4n - 2\sqrt{2}n}{(n+3)[n^2 + 2(\sqrt{2}-1)n - 3]}$，令 $G(n) = (4-2\sqrt{2})n^2 + 4n - 2\sqrt{2}n$，有 $G'(n) = (8-4\sqrt{2})n + 4 - 2\sqrt{2}$。因为 $G''(n) = 8 - 4\sqrt{2} > 0$，所以，$G'(n)$ 递增。又因为 $G'(n)$ 的最小值 $G'(3) = (8-4\sqrt{2}) \times 3 + 4 - 2\sqrt{2} = 14(2-\sqrt{2}) > 0$，所以 $G'(n) > 0$，即 $G(n)$ 递增。同理，因为 $G(n)$ 的最小值 $G(3) = (4-2\sqrt{2}) \times 3^2 + 4 \times 3 - 2\sqrt{2} \times 3 = 24(2-\sqrt{2}) > 0$，故 $G(n) > 0$。同样可以证

明 $(n+3)[n^2+2(\sqrt{2}-1)n-3]>0$，故 $F(n)>0$，即 $\frac{2(\sqrt{2}-1)n-2}{(n-3)(n+1)+2\sqrt{2}n}<\frac{2}{n+3}$。

由命题 1 可知，当兼并后价格保持在不高于兼并前均衡价格的水平时，总有 $\frac{2}{n+3}\leqslant\frac{t}{k}$，故条件 $\frac{2(\sqrt{2}-1)n-2}{(n-3)(n+1)+2\sqrt{2}n}\leqslant\frac{t}{k}$ 总能得到满足。换言之，即便是兼并后的均衡价格维持在不上涨的水平，厂商也总是有兼并的动机。而在兼并后的均衡价格不下降的前提下，厂商的获利性对参数没有约束力。

3. 向竞争对手剥离资产情形下兼并后的均衡分析

正如上文所言，反垄断当局为预防可能的反竞争效应，会要求兼并者将其部分资产出售给一个竞争对手或一个潜在进入者，藉此来调整市场结构，达到兼并后价格至少保持不变的竞争状态。我们首先来考虑我们将资产剥离给一个竞争对手的情况。

由命题 1 知，当 $\frac{t}{k}\geqslant\frac{2}{n+3}$ 时，即便是不进行资产剥离，也能保证兼并后的价格不至于上涨。只有当 $\frac{t}{k}<\frac{2}{n+3}$ 时，才需要通过资产剥离来消除兼并的反竞争效果。而这正是反垄断当局所关注的。

令兼并者被剥离的资产数量为 Δk，$\Delta k\in[0,k_j]$，其中，k_j 表示两个兼并者中被兼并者拥有的固定资产的数量，这是反垄断当局能够要求兼并者剥离资产数量的上限，超过 k_j 兼并就变得没有意义。

如果两个厂商进行兼并，则其在兼并后将拥有 $2k$ 的资产。在反垄断当局的要求下，兼并者将 Δk 的资产剥离给竞争对手 i 后，这时资产剥离方和接收方各自实际拥有的资产变为 $2k-\Delta k$ 和 $k+\Delta k$，其余的 $n-3$ 个厂商拥有的资产仍然为 k。此时，根据如下 $n-1$ 个一阶条件（FOC）可以推导出均衡产出和均衡价格。

$$\begin{cases} 1 - 2q_d - q_i - \sum_{f=1}^{n-3} q_f = \dfrac{t}{2k - \Delta k} \\ 1 - 2q_i - q_d - \sum_{f=1}^{n-3} q_f = \dfrac{t}{k + \Delta k} \\ 1 - 2q_f - q_d - q_i - \sum_{j \neq f} q_j = \dfrac{t}{k} \end{cases} \Leftrightarrow \begin{cases} q_d = \dfrac{1}{n}\left[1 - \dfrac{(n-1)t}{2k - \Delta k} + \dfrac{t}{k + \Delta k} + \dfrac{(n-3)t}{k}\right] \\ q_i = \dfrac{1}{n}\left[1 + \dfrac{t}{2k - \Delta k} - \dfrac{(n-1)t}{k + \Delta k} + \dfrac{(n-3)t}{k}\right] \\ q_f = \dfrac{1}{n}\left[1 + \dfrac{t}{2k - \Delta k} + \dfrac{t}{k + \Delta k} - \dfrac{3t}{k}\right] \end{cases}$$

进而，可以得到均衡状态下的总产出与均衡价格：

$$Q^{ac} = \frac{1}{n}\left[n - 1 - \frac{t}{2k - \Delta k} - \frac{t}{k + \Delta k} - \frac{(n-3)t}{k}\right]$$

$$P^{ac} = \frac{1}{n}\left[1 + \frac{t}{2k - \Delta k} + \frac{t}{k + \Delta k} + \frac{(n-3)t}{k}\right]$$

通过比较资产剥离后的均衡价格与没有剥离的兼并后均衡价格，我们可以得到如下的命题 2：

命题 2：在兼并前成本函数对称的情况下，即 $k_1 = \cdots = k_n = k(n \geqslant 3)$，任何大于零且不超过 k 的资产剥离数量都将导致比没有资产剥离兼并更低的价格。

证明：

$$P^{ac} < P^{a} \Leftrightarrow \frac{1}{n}\left[1 + \frac{t}{2k - \Delta k} + \frac{t}{k + \Delta k} + \frac{(n-3)t}{k}\right] < \frac{1}{n}\left[1 + \frac{(2n-3)t}{2k}\right]$$

$$\Leftrightarrow \frac{t}{2k - \Delta k} + \frac{t}{k + \Delta k} + \frac{(n-3)t}{k} < \frac{(2n-3)t}{2k}$$

$$\Leftrightarrow \frac{1}{2k - \Delta k} + \frac{1}{k + \Delta k} < \frac{3}{2k}$$

$$\Leftrightarrow \Delta k(\Delta k - k) < 0$$

$$\Leftrightarrow 0 < \Delta k < k$$

命题 2 说明，无论兼并使厂商拥有的资产数量的增加导致边际成本的下降幅度有多大，剥离一部分资产对消费者福利而言总是合意的。资产剥离有助于恢复对称性，进而促使价格下降。[①]

既然资产剥离总是可以导致价格下降，那么反垄断当局需要兼并方剥离多少资产才能将兼并后的市场价格维持在不高于兼并前的水平呢？

令 $P^{ac} \leqslant P^{b}$ ，有

$$\frac{1}{n}\left[1+\frac{t}{2k-\Delta k}+\frac{t}{k+\Delta k}+\frac{(n-3)t}{k}\right] \leqslant \frac{1}{(n+1)}\left(1+n\frac{t}{k}\right)$$

$$\Leftrightarrow (n+1)\left[1+\frac{t}{2k-\Delta k}+\frac{t}{k+\Delta k}+\frac{(n-3)t}{k}\right]-n\left(1+n\frac{t}{k}\right) \leqslant 0$$

$$\Leftrightarrow 1+\frac{3(n+1)kt}{(2k-\Delta k)(k+\Delta k)} \leqslant \frac{n^2 t}{k}-\frac{(n+1)(n-3)t}{k}$$

$$\Leftrightarrow \frac{3(n+1)kt}{(2k-\Delta k)(k+\Delta k)} \leqslant \frac{(2n+3)t-k}{(n+1)k}$$

$$\Leftrightarrow 3(n+1)^2 k^2 t \leqslant [(2n+3)t-k][(2k-\Delta k)(k+\Delta k)]$$

$$\Leftrightarrow \frac{3(n+1)^2 k^2 t}{[(2n+3)t-k]} \leqslant [(2k-\Delta k)(k+\Delta k)]$$

$$\Leftrightarrow \frac{3(n+1)^2 k^2 t}{[(2n+3)t-k]} \leqslant 2k^2+k\Delta k-\Delta k^2$$

$$\Leftrightarrow -\Delta k^2+k\Delta k+2k^2-\frac{3(n+1)^2 k^2 t}{[(2n+3)t-k]} \geqslant 0$$

$$\Leftrightarrow -\Delta k^2+k\Delta k+\frac{2k^2[(2n+3)t-k]-3(n+1)^2 k^2 t}{[(2n+3)t-k]} \geqslant 0$$

对最后一个不等式取等号，可得到解

$$\Delta k=\frac{-k \pm \sqrt{k^2-4(-1)\dfrac{2k^2[(2n+3)t-k]-3(n+1)^2 k^2 t}{[(2n+3)t-k]}}}{-2}$$

$$=\frac{-k \pm k\sqrt{1+\dfrac{8[(2n+3)t-k]-12(n+1)^2 t}{[(2n+3)t-k]}}}{-2}$$

---

① 这一结论源自于成本函数凸性的假设：边际成本与厂商拥有的资产数呈反比例变化。需要注意的是，尽管在一次性静态博弈中，对称性不会对合谋产生影响，但在无限次重复博弈中却会提高合谋的可能性，因此，反垄断当局在运用资产剥离措施时，要在克服单边效应与提高合谋的可能性之间进行权衡，只有在资产剥离不至于明显提高合谋概率的情况下，资产剥离措施才是有效的。

要保证上述解有意义，需要根号里的值非负且不超过1。即：

$$0 \leqslant 1 + \frac{8[(2n+3)t-k] - 12(n+1)^2 t}{[(2n+3)t-k]} \leqslant 1$$

$$\Leftrightarrow -1 \leqslant \frac{8[(2n+3)t-k] - 12(n+1)^2 t}{[(2n+3)t-k]} \leqslant 0$$

若 $(2n+3)t-k<0$，则有：

$$8[(2n+3)t-k] - 12(n+1)^2 t \geqslant 0$$

$$\Leftrightarrow 16nt + 24t - 8k - 12t(n^2+2n+1) \geqslant 0$$

$$\Leftrightarrow t(16n+24-12n^2-24n-12) \geqslant 8k$$

$$\Leftrightarrow -(12n^2+8n-12)t \geqslant 8k$$

因为，$12n^2+8n-12>0$，所以，$\frac{t}{k} \leqslant -\frac{8}{(12n^2+8n-12)}<0$，这与 $t>0$ 和 $k>0$ 矛盾。故 $(2n+3)t-k>0$，从而 $\frac{t}{k} \geqslant \frac{1}{2n+3}$。

在 $\frac{t}{k} \geqslant \frac{1}{2n+3}$ 的情况下，兼并后的价格保持在不高于兼并前的水平，则要求剥离的资产量为：

$$\Delta k_1 = \frac{-k + k\sqrt{1 + \frac{8[(2n+3)t-k] - 12(n+1)^2 t}{[(2n+3)t-k]}}}{-2} \leqslant \frac{k}{2},$$

$$\Delta k_2 = \frac{-k - k\sqrt{1 + \frac{8[(2n+3)t-k] - 12(n+1)^2 t}{[(2n+3)t-k]}}}{-2} \geqslant \frac{k}{2}$$

需要注意的是，虽然有两个解，反垄断当局应该关注前一个解，因为后一个解将导致接受剥离资产的竞争对手拥有的资产比兼并者都多，兼并的结果是壮大了竞争对手，这样的结果是兼并者绝不能接受的。而对前一个解而言，其最大值可以取 $k/2$，不难证明当 $\Delta k = k/2$ 时，兼并后的市场均衡价格达到最低。

$$\text{令 } F(\Delta k) = \max_{\Delta k}(P^b - P^{ac})$$

$$= \max_{\Delta k}\left[-\Delta k^2 + k\Delta k + 2k^2 - \frac{3(n+1)^2 k^2 t}{[(2n+3)t-k]} \geqslant 0\right],$$

由一阶条件（FOC）$-2\Delta k + k = 0$ 可得：$\Delta k = k/2$。此时，兼并者和接受剥离资产的竞争对手均各拥有 $3k/2$ 的固定资产，市场结构变为一个对称的双寡头领导的市场。于是，得到推论 1。

推论 1：兼并厂商被剥离的资产数量最大为 $k/2$，当达到 $k/2$ 时，兼并后的市场均衡价格达到最低①。

4. 向潜在进入者剥离资产情形下兼并后的均衡分析

作为一个选择，反垄断当局可以要求兼并者向一个潜在进入者出售其被剥离的资产。现在我们来考虑当 $\frac{t}{k} < \frac{2}{n+3}$ 时，向一个潜在进入者出售剥离资产的情形。

与上文一样，令兼并者被剥离的资产数量为 $\Delta k, \Delta k \in [0, k_j]$，潜在进入者为 Potential Entrant（以下简记 e）。因此，资产剥离后，兼并者将拥有 $2k - \Delta k$ 的资产，潜在进入者拥有 Δk 的资产，其余 $n-2$ 个老竞争对手各自拥有 k 的资产。此时，均衡产出和均衡价格可以从如下的一阶条件（FOC）中推出：

$$\begin{cases} 1 - 2q_d - q_e - \sum\limits_{f=1}^{n-2} q_f = \dfrac{t}{2k - \Delta k} \\ 1 - 2q_e - q_d - \sum\limits_{f=1}^{n-2} q_f = \dfrac{t}{\Delta k} \\ 1 - 2q_f - q_d - q_e - \sum_{j \neq f} q_j = \dfrac{t}{k} \end{cases} \Leftrightarrow \begin{cases} q_d = \dfrac{1}{n+1}\left[1 - \dfrac{nt}{2k - \Delta k} + \dfrac{(n-2)t}{k} + \dfrac{t}{\Delta k}\right] \\ q_e = \dfrac{1}{n+1}\left[1 + \dfrac{t}{2k - \Delta k} + \dfrac{(n-2)t}{k} - \dfrac{nt}{\Delta k}\right] \\ q_f = \dfrac{1}{n+1}\left[1 + \dfrac{t}{2k - \Delta k} - \dfrac{3t}{k} + \dfrac{t}{\Delta k}\right] \end{cases}$$

由各厂商的均衡产出解可以得到总产出和均衡价格：

$$Q^{ae} = \frac{1}{n+1}\left[n - \frac{t}{2k - \Delta k} - \frac{(n-2)t}{k} - \frac{t}{\Delta k}\right]$$

$$P^{ae} = \frac{1}{n+1}\left[1 + \frac{t}{2k - \Delta k} + \frac{(n-2)t}{k} + \frac{t}{\Delta k}\right]$$

为了使资产剥离兼并后的价格不高于兼并前的价格，需要满足：

$$P^{ae} = \frac{1}{n+1}\left[1 + \frac{t}{2k - \Delta k} + \frac{(n-2)t}{k} + \frac{t}{\Delta k}\right] \leqslant P^{b} = \frac{1}{n+1}\left[1 + \frac{nt}{k}\right]$$

---

① 值得注意的是，与上文一样，只有资产剥离后兼并者的利润不低于兼并前两厂商的利润和，兼并者才会接受反垄断当局的资产剥离要求。由于证明过于繁琐，本书省略了这一证明过程。

$$\Leftrightarrow \frac{t}{2k - \Delta k} + \frac{t}{\Delta k} \leqslant \frac{nt}{k} - \frac{(n-2)t}{k}$$

$$\Leftrightarrow (k - \Delta k)^2 \leqslant 0$$

显然，只有当 $k = \Delta k$ 时，资产剥离兼并后的价格才等于兼并前的价格，任何 $\Delta k < k$ 的剥离都将导致兼并后的价格高于兼并前的价格。而如果 $k = \Delta k$，则意味着兼并仅仅使一个厂商从市场上消失，取而代之出现另一个厂商，对兼并者而言，这是毫无意义的。从而得到推论 2。

推论 2：如果潜在进入者的技术与在位者厂商一样，在成本对称的市场上，以向潜在进入者出售资产为条件的兼并将导致兼并后价格的上涨，不能满足消费者福利标准。

推论 2 表明，在这种特殊的市场上，唯一可行的方案是向兼并者的竞争对手出售剥离资产。之所以得到这样的结论，是由于两个约束条件所致。一是成本函数是资产的凸函数，即 $C'_k > 0, C''_k > 0$；二是兼并不产生协同效应。

那么，如果放宽条件（7），允许兼并产生资产组合的协同效应，会不会改变上述结论呢？

令 θ 表示兼并导致的资产组合协同效应，为了分析方便，避免数学推导中的繁琐与困难，我们将其置换为兼并导致技术的提高[①]。换言之，兼并导致兼并后的新厂商 d 的技术变为 θt，$\theta \in [0,1]$。相应的均衡产量和均衡价格可以从变化了的一阶条件（FOC）中推出。

$$\begin{cases} 1 - 2q_d - q_e - \sum_{f=1}^{n-2} q_f = \dfrac{\theta t}{2k - \Delta k} \\ 1 - 2q_e - q_d - \sum_{f=1}^{n-2} q_f = \dfrac{t}{\Delta k} \\ 1 - 2q_f - q_d - q_e - \sum_{j \neq f} q_j = \dfrac{t}{k} \end{cases} \Leftrightarrow \begin{cases} q_d = \dfrac{1}{n+1}\left[1 - \dfrac{n\theta t}{2k - \Delta k} + \dfrac{(n-2)t}{k} + \dfrac{t}{\Delta k}\right] \\ q_e = \dfrac{1}{n+1}\left[1 + \dfrac{\theta t}{2k - \Delta k} + \dfrac{(n-2)t}{k} - \dfrac{nt}{\Delta k}\right] \\ q_f = \dfrac{1}{n+1}\left[1 + \dfrac{\theta t}{2k - \Delta k} - \dfrac{3t}{k} + \dfrac{t}{\Delta k}\right] \end{cases}$$

由各厂商的均衡产出可以求出行业的均衡总产出和均衡价格：

$$Q^{ae} = \frac{1}{n+1}\left[n - \frac{\theta t}{2k - \Delta k} - \frac{(n-2)t}{k} - \frac{t}{\Delta k}\right]$$

---

① 在本书所设定的环境中，资产组合的协同效应与技术提高效应是一样的，都是降低了单位产品的边际成本，所以，这个替换并不影响分析结果。

$$P^{ae} = \frac{1}{n+1}\left[1 + \frac{\theta t}{2k - \Delta k} + \frac{(n-2)t}{k} + \frac{t}{\Delta k}\right]$$

各厂商的利润为：

$$\pi_d^{ae} = \frac{1}{(n+1)^2}\left[1 - \frac{n\theta t}{2k - \Delta k} + \frac{(n-2)t}{k} + \frac{t}{\Delta k}\right]^2 - (2k - \Delta k)g$$

$$\pi_e^{ae} = \frac{1}{(n+1)^2}\left[1 + \frac{\theta t}{2k - \Delta k} + \frac{(n-2)t}{k} - \frac{nt}{\Delta k}\right]^2 - \Delta kg$$

$$\pi_f^{ae} = \frac{1}{(n+1)^2}\left[1 + \frac{\theta t}{2k - \Delta k} - \frac{3t}{k} + \frac{t}{\Delta k}\right]^2 - kg$$

为了使资产剥离兼并后的价格不高于兼并前的价格，需要满足：

$$P^{ae} = \frac{1}{n+1}\left[1 + \frac{\theta t}{2k - \Delta k} + \frac{(n-2)t}{k} + \frac{t}{\Delta k}\right] \leqslant P^b = \frac{1}{n+1}\left[1 + \frac{nt}{k}\right]$$

$$\Leftrightarrow \frac{\theta}{2k - \Delta k} + \frac{1}{\Delta k} \leqslant \frac{2}{k}$$

$$\Leftrightarrow \frac{\theta}{2k - \Delta k} \leqslant \frac{2\Delta k - k}{k}$$

$$\Leftrightarrow \theta \leqslant \frac{(2\Delta k - k)(2k - \Delta k)}{k\Delta k}$$

因为，$\theta \in [0,1]$，所以只要 $k > \Delta k \geqslant k/2$（$\Delta k \geqslant k$ 是不可能的，那意味着兼并者没有获得任何资产，从而也不可能获得兼并的资产协同效应），上式就恒成立。

当 $k > \Delta k \geqslant k/2$ 时，兼并者是否有激励去发起兼并呢？如果兼并后的新厂商 d 的利润高于（至少不低于）兼并前厂商 $n-1$ 和厂商 n 的联合利润，兼并就有利可图，两厂商就会进行兼并。这就要求 $\pi_{n-1}^b + \pi_n^b \leqslant \pi_d^a$，即：

$$\frac{1}{(n+1)^2}\left[1 - \frac{n\theta t}{2k - \Delta k} + \frac{(n-2)t}{k} + \frac{t}{\Delta k}\right]^2 - (2k - \Delta k)g \geqslant$$
$$\frac{2}{(n+1)^2}\left(1 - \frac{t}{k}\right)^2 - 2kg$$

显然，只要 $\left[1 - \frac{n\theta t}{2k - \Delta k} + \frac{(n-2)t}{k} + \frac{t}{\Delta k}\right]^2 \geqslant 2\left(1 - \frac{t}{k}\right)^2$，上式即可成立。

$$\left[1 - \frac{n\theta t}{2k - \Delta k} + \frac{(n-2)t}{k} + \frac{t}{\Delta k}\right]^2 \geqslant 2\left(1 - \frac{t}{k}\right)^2$$

$$\Leftrightarrow 1-\frac{n\theta t}{2k-\Delta k}+\frac{(n-2)t}{k}+\frac{t}{\Delta k}\geqslant\sqrt{2}\left(1-\frac{t}{k}\right)$$

$$\Leftrightarrow 1+\frac{(n-2)t}{k}+\frac{t}{\Delta k}-\sqrt{2}\left(1-\frac{t}{k}\right)\geqslant\frac{n\theta t}{2k-\Delta k}$$

$$\Leftrightarrow 1-\sqrt{2}+\frac{(n-2+\sqrt{2})t}{k}+\frac{t}{\Delta k}\geqslant\frac{n\theta t}{2k-\Delta k}$$

$$\Leftrightarrow\theta\leqslant\left[1-\sqrt{2}+\frac{(n-2+\sqrt{2})t}{k}+\frac{t}{\Delta k}\right]\frac{2k-\Delta k}{nt}$$

因为，$\theta\geqslant 0$，所以，只有当 $1-\sqrt{2}+\frac{(n-2+\sqrt{2})t}{k}+\frac{t}{\Delta k}\geqslant 0$ 时，上式才能成立，令 $F(\Delta k)=1-\sqrt{2}+\frac{(n-2+\sqrt{2})t}{k}+\frac{t}{\Delta k}$，显然 $F(\Delta k)$ 是 Δk 的减函数。又因 $k>\Delta k\geqslant k/2$，故总有 $F(\Delta k)>F(\Delta k=k)=1-\sqrt{2}+\frac{(n-1+\sqrt{2})t}{k}$。当 $F(\Delta k=k)>0$ 时，即 $\frac{t}{k}>\frac{\sqrt{2}-1}{n+\sqrt{2-1}}$ 时，$1-\sqrt{2}+\frac{(n-2+\sqrt{2})t}{k}+\frac{t}{\Delta k}\geqslant 0$ 恒成立。容易证明，$\frac{2}{n+3}>\frac{\sqrt{2}-1}{n+\sqrt{2-1}}$。也就是说，当 $\theta\leqslant\left[1-\sqrt{2}+\frac{(n-2+\sqrt{2})t}{k}+\frac{t}{\Delta k}\right]\frac{2k-\Delta k}{nt}$ 且 $\frac{2}{n+3}\geqslant\frac{t}{d}>\frac{\sqrt{2}-1}{n+\sqrt{2-1}}$ 时，兼并总是有利可图的。从而可以得到推论3。

推论3：当存在兼并的协同效应时，如果（1）潜在进入者的技术与在位者厂商一样，（2）$\theta\leqslant\left[1-\sqrt{2}+\frac{(n-2+\sqrt{2})t}{k}+\frac{t}{\Delta k}\right]\frac{2k-\Delta k}{nt}$ 且 $\frac{2}{n+3}\geqslant\frac{t}{d}>\frac{\sqrt{2}-1}{n+\sqrt{2-1}}$，则在成本对称的市场上，以向潜在进入者剥离 $k>\Delta k\geqslant k/2$ 的资产为条件的兼并可以保证兼并后价格不至于上涨，且市场结构优于向竞争者剥离部分资产时的情况。

推论3证明欧美反垄断当局青睐于向潜在进入者剥离兼并者的资产进而维持市场结构不变和保护消费者福利不受侵害的做法是有道理的。因为兼并者总是声称兼并可以产生协同效应，提高效率，而这种效率辩护也已经为美国和欧盟反垄断当局所接受。

（二）不对称情形

在不对称情形下，我们考虑以下几种导致成本不对称的情况：一是厂商初始资产拥有量不同；二是厂商的技术不同。

1. 厂商的初始资产拥有量不同

首先，考虑每个厂商的资产拥有量不等但技术相同的情形下，兼并者将资产剥离给一个潜在进入者的情况。

同样令厂商 $n-1$ 兼并厂商 n（厂商 $n-1$ 拥有的资产大于厂商 n，即 $k_{n-1} > k_n$），同时向潜在进入者 e 剥离数量为 $\Delta k \in [0, k_n]$ 的资产。资产剥离后，兼并者将拥有 $k_{n-1}+k_n-\Delta k$ 的资产，潜在进入者拥有 Δk 的资产，其余 $n-2$ 个老竞争对手分别拥有 $k_i(i=1,\cdots,n-2)$ 的资产。

资产剥离兼并后市场的均衡产出和均衡价格可以从如下的 n 个一阶条件（FOC）中推出。

$$\begin{cases} 1-2q_d-q_e-\sum_{i=1}^{n-2} q_i=\dfrac{t}{k_{n-1}+k_n-\Delta k} \\ 1-2q_e-q_d-\sum_{i=1}^{n-2} q_i=\dfrac{t}{\Delta k} \\ 1-2q_i-q_d-q_e-\sum_{j\neq i} q_j=\dfrac{t}{k_i} \end{cases} \Leftrightarrow \begin{cases} q_d=\dfrac{1}{n+1}\left(1+\sum_{i=1}^{n-2}\dfrac{t}{k_i}+\dfrac{t}{\Delta k}-\dfrac{nt}{k_{n-1}+k_n-\Delta k}\right) \\ q_e=\dfrac{1}{n+1}\left(1+\sum_{i=1}^{n-2}\dfrac{t}{k_i}-\dfrac{nt}{\Delta k}+\dfrac{t}{k_{n-1}+k_n-\Delta k}\right) \\ q_i=\dfrac{1}{n+1}\left(1-\dfrac{nt}{k_i}+\sum_{j\neq i}\dfrac{t}{k_j}+\dfrac{t}{\Delta k}+\dfrac{t}{k_{n-1}+k_n-\Delta k}\right) \end{cases}$$

由各厂商的均衡产出解可以得到资产剥离兼并后均衡状态下的总产出和价格：

$$Q^{a1}=\frac{1}{n+1}\left[n-\frac{t}{k_{n-1}+k_n-\Delta k}-\frac{t}{\Delta k}-\sum_{i=1}^{n-2}\frac{t}{k_i}\right]$$

$$P^{a1}=\frac{1}{n+1}\left[1+\frac{t}{k_{n-1}+k_n-\Delta k}+\frac{t}{\Delta k}+\sum_{i=1}^{n-2}\frac{t}{k_i}\right]$$

为了使资产剥离兼并后的价格不高于兼并前的市场价格，需要满足

$$P^{a1}=\frac{1}{n+1}\left[1+\frac{t}{k_{n-1}+k_n-\Delta k}+\frac{t}{\Delta k}+\sum_{i=1}^{n-2}\frac{t}{k_i}\right]<P^b=\frac{1}{(n+1)}\left(1+\sum\nolimits_{i=1}^{n}\frac{t}{k_i}\right)$$

$$\Leftrightarrow \frac{t}{k_{n-1}+k_n-\Delta k}+\frac{t}{\Delta k}\leqslant \sum_{i=1}^{n}\frac{t}{k_i}-\sum_{i=1}^{n-2}\frac{t}{k_i}$$

$$\Leftrightarrow \frac{1}{k_{n-1}+k_n-\Delta k}+\frac{1}{\Delta k}\leqslant \frac{1}{k_{n-1}}+\frac{1}{k_n}$$

$$\Leftrightarrow k_{n-1}k_n \leqslant (k_{n-1}+k_n)\Delta k-\Delta k^2$$

$$\Leftrightarrow (k_{n-1}-\Delta k)(k_n-\Delta k)\leqslant 0$$

$$\Leftrightarrow k_n < \Delta k < k_{n-1}$$

这与我们的假设 $\Delta k \in [0,k_n]$ 矛盾。由此我们得出推论 4。

推论 4：如果市场上厂商的区别仅仅是资产拥有量的不同，那么，以向潜在进入者剥离资产为条件的任何两个厂商间的横向兼并都将导致价格上涨。

2. 厂商的技术不同

现在放宽条件（4），考虑兼并前各厂商拥有不同技术的情形，并假定兼并可以产生技术协同效应，即兼并后的新厂商可以利用两个兼并者中的技术占优厂商的技术安排全部生产，获得成本优势。不失一般性，仍然令厂商 $n-1$ 兼并厂商 n，厂商 $n-1$ 的技术优于厂商 n，即 $t_n > t_{n-1}$，兼并后的新厂商 d 可以用 t_{n-1} 的技术生产全部产品。考虑兼并者向竞争对手或潜在进入者出售被剥离资产的两种情况。

（1）向竞争对手 i 出售被剥离资产后的均衡解。当兼并者向竞争对手 i 出售 $\Delta k \in [0,k]$ 的被剥离资产后，兼并实体 d 将拥有 $2k-\Delta k$ 的资产，接受被剥离资产的竞争者 i 拥有 $k+\Delta k$ 的资产，其余 $n-3$ 个老竞争对手 f 各自拥有 k 的资产。均衡产出和均衡价格可以从如下的 $n-1$ 个一阶条件（FOC）中推出。

$$\begin{cases}1-2q_d-q_i-\sum\limits_{i=1}^{n-3}q_f=\dfrac{t_{n-1}}{2k-\Delta k}\\[2ex] 1-2q_i-q_d-\sum\limits_{i=1}^{n-3}q_i=\dfrac{t_i}{k+\Delta k}\\[2ex] 1-2q_f-q_d-q_i-\sum_{j\neq f}q_j=\dfrac{t_f}{k}\end{cases}\Leftrightarrow\begin{cases}q_d=\dfrac{1}{n}\left[1-\dfrac{(n-1)t_{n-1}}{2k-\Delta k}+\dfrac{t_i}{k+\Delta k}+\sum\limits_{i=1}^{n-3}\dfrac{t_f}{k}\right]\\[2ex] q_i=\dfrac{1}{n}\left[1+\dfrac{t_{n-1}}{2k-\Delta k}-\dfrac{(n-1)t_i}{k+\Delta k}+\sum\limits_{i=1}^{n-3}\dfrac{t_f}{k}\right]\\[2ex] q_f=\dfrac{1}{n}\left[1+\dfrac{t_{n-1}}{2k-\Delta k}+\dfrac{t_i}{k+\Delta k}-\dfrac{(n-1)t_f}{k}+\sum_{j\neq i}\dfrac{t_j}{k}\right]\end{cases}$$

由各厂商的均衡产出解可以得到资产剥离兼并后均衡状态下的总产出和价格：

$$Q^{a2c}=\frac{1}{n}\left(n-1-\frac{t_{n-1}}{2k-\Delta k}-\frac{t_i}{k+\Delta k}-\sum_{i=1}^{n-3}\frac{t_f}{k}\right)$$

$$P^{a2c}=\frac{1}{n}\left(1+\frac{t_{n-1}}{2k-\Delta k}+\frac{t_i}{k+\Delta k}+\sum_{i=1}^{n-3}\frac{t_f}{k}\right)$$

此时，厂商 d 和厂商 i 的利润分别为：

$$\pi_d^{a2c}=\frac{1}{n^2}\left[1-\frac{(n-1)t_{n-1}}{2k-\Delta k}+\frac{t_i}{k+\Delta k}+\sum_{i=1}^{n-3}\frac{t_f}{k}\right]^2-(2k-\Delta k)g$$

$$\pi_i^{a2c}=\frac{1}{n^2}\left[1+\frac{t_{n-1}}{2k-\Delta k}-\frac{(n-1)t_i}{k+\Delta k}+\sum_{i=1}^{n-3}\frac{t_f}{k}\right]^2-(k+\Delta k)g$$

（2）向潜在进入者 e 出售被剥离资产后的均衡解。当兼并者向竞争对手 i 出售 $\Delta k\in[0,k]$ 的被剥离资产后，兼并实体 d 将拥有 $2k-\Delta k$ 的资产，接受被剥离资产的竞争者 e 拥有 Δk 的资产，其余 $n-2$ 个老竞争对手 f 各自拥有 k 的资产。潜在进入者的技术水平为 t_e，该技术水平可以确保进入者有能力进入市场，即 t_e 满足产量 q_e 为正的约束。各厂商的均衡产出可以从如下的 n 个一阶条件（FOC）中推出：

$$\begin{cases}1-2q_d-q_e-\sum\limits_{i=1}^{n-2}q_f=\dfrac{t_{n-1}}{2k-\Delta k}\\[2ex] 1-2q_e-q_d-\sum\limits_{i=1}^{n-2}q_f=\dfrac{t_e}{\Delta k}\\[2ex] 1-2q_f-q_d-q_e-\sum_{j\neq f}q_j=\dfrac{t_f}{k}\end{cases}\Leftrightarrow\begin{cases}q_d=\dfrac{1}{n+1}\left(1-\dfrac{nt_{n-1}}{2k-\Delta k}+\dfrac{t_e}{\Delta k}+\sum\limits_{i=1}^{n-2}\dfrac{t_f}{k}\right)\\[2ex] q_e=\dfrac{1}{n+1}\left(1+\dfrac{t_{n-1}}{2k-\Delta k}-\dfrac{nt_e}{\Delta k}+\sum\limits_{i=1}^{n-2}\dfrac{t_f}{k}\right)\\[2ex] q_f=\dfrac{1}{n+1}\left(1+\dfrac{t_{n-1}}{2k-\Delta k}+\dfrac{t_e}{\Delta k}-\dfrac{nt_f}{k}+\sum_{j\neq i}\dfrac{t_j}{k}\right)\end{cases}$$

均衡状态下的总产出和价格为：

$$Q^{a2e}=\frac{1}{n+1}\left(n-\frac{t_{n-1}}{2k-\Delta k}-\frac{t_e}{\Delta k}-\sum_{i=1}^{n-2}\frac{t_f}{k}\right)$$

$$P^{a2e}=\frac{1}{n+1}\left(1+\frac{t_{n-1}}{2k-\Delta k}+\frac{t_e}{\Delta k}+\sum_{i=1}^{n-2}\frac{t_f}{k}\right)$$

此时，各厂商的利润分别为：

$$\pi_d^{a2e}=\frac{1}{(n+1)^2}\left[1-\frac{nt_{n-1}}{2k-\Delta k}+\frac{t_e}{\Delta k}+\sum_{i=1}^{n-2}\frac{t_f}{k}\right]^2-(2k-\Delta k)g$$

$$\pi_e^{a2e}=\frac{1}{(n+1)^2}\left[1+\frac{t_{n-1}}{2k-\Delta k}-\frac{nt_e}{\Delta k}+\sum_{i=1}^{n-2}\frac{t_f}{k}\right]^2-\Delta kg$$

$$\pi_f^{a2e} = \frac{1}{(n+1)^2}\left[1 + \frac{t_{n-1}}{2k-\Delta k} + \frac{t_e}{\Delta k} - \frac{nt_f}{k} + \sum_{j\neq i}\frac{t_j}{k}\right]^2 - kg$$

（3）兼并获得反垄断当局同意的条件分析。假定兼并者必须剥离自己的一部分资产方可获得反垄断当局批准是所有厂商的共同知识，考虑以拍卖方式剥离兼并者资产的情形。

首先，考虑竞争厂商 i 和潜在进入者 e 参与竞买兼并者被剥离资产的激励约束条件。对于竞争厂商 i 而言，只有当其购买兼并者的被剥离资产后的预期利润高于潜在进入者购买后的预期利润，竞争厂商才有动力去竞拍。也就是说，竞争厂商 i 竞拍兼并者的被剥离资产的激励约束条件是：$\pi_i^{a2c} > \pi_f^{a2e}$，即

$$\frac{1}{n^2}\left[1 + \frac{t_{n-1}}{2k-\Delta k} - \frac{(n-1)t_i}{k+\Delta k} + \sum_{i=1}^{n-3}\frac{t_f}{k}\right]^2 - \Delta kg$$
$$> \frac{1}{(n+1)^2}\left[1 + \frac{t_{n-1}}{2k-\Delta k} + \frac{t_e}{\Delta k} - \frac{nt_f}{k} + \sum_{j\neq i}\frac{t_j}{k}\right]^2$$

进一步讲，竞争厂商 i 要想竞拍到兼并者被剥离的资产，其出价一定要高于潜在进入者的报价。由于潜在进入者 e 的最高报价为其竞拍到该资产后的利润所得，即 π_e^{a2e}，而竞争厂商 i 的最高报价为其赢得该资产后的盈利增加额，即 $\pi_i^{a2c} - \pi_f^{a2e}$，我们可以得到竞争厂商 i 赢得竞拍的约束条件：$\pi_i^{a2c} - \pi_f^{a2e} > \pi_e^{a2e}$，即：

$$\frac{1}{n^2}\left[1 + \frac{t_{n-1}}{2k-\Delta k} - \frac{(n-1)t_i}{k+\Delta k} + \sum_{i=1}^{n-3}\frac{t_f}{k}\right]^2$$
$$- \frac{1}{(n+1)^2}\left[1 + \frac{t_{n-1}}{2k-\Delta k} + \frac{t_e}{\Delta k} - \frac{nt_f}{k} + \sum_{j\neq i}\frac{t_j}{k}\right]^2$$
$$> \frac{1}{(n+1)^2}\left[1 + \frac{t_{n-1}}{2k-\Delta k} - \frac{nt_e}{\Delta k} + \sum_{i=1}^{n-2}\frac{t_f}{k}\right]^2 \tag{6-9}$$

反之，如果 $\pi_i^{a2c} - \pi_f^{a2e} < \pi_e^{a2e}$，则潜在进入者赢得竞拍。

显然，公式（6－9）共包含 n 个外生变量（$t_1,\cdots,t_{n-1},t_e$），因此很难直观地推导出一个能使公式（6－9）成立的条件。在这 n 个外生变量给定的前提条件下，随着 Δk 的变动，兼并者被剥离的资产既有可能被竞争厂商 i 获得，也可能被潜在进入者 e 获得。

其次，我们来讨论兼并者同意以剥离部分资产为条件的兼并的激励约束

条件。总体而言，只有资产剥离后兼并实体 d 的利润高于兼并前厂商 $n-1$ 和厂商 n 的联合利润，兼并者才会同意反垄断当局提出的资产剥离条件，即自由满足条件 $\pi_{n-1}^{b}(k)+\pi_{n}^{b}(k)<\pi_{d}^{a}(2k-\Delta k)$ 时，兼并者才愿意接受反垄断当局的剥离资产要求。该条件右边部分取决于均衡状态下的市场价格和厂商 d 的产量，而均衡价格和产量是由市场结构决定，即谁最终竞拍到被剥离的资产将决定最终的市场结构，进而最终决定上述不等式成立的具体条件。

当竞争厂商 i 最终获得被剥离资产时，兼并者的激励约束条件为：

$$\frac{1}{n^{2}}\left[1-\frac{(n-1)t_{n-1}}{2k-\Delta k}+\frac{t_{i}}{k+\Delta k}+\sum_{i=1}^{n-3}\frac{t_{f}}{k}\right]^{2}-\Delta kg > \frac{2}{(n+1)^{2}}\left(1-n\frac{t_{i}}{k}+\sum_{j=1,j\neq i}^{n}\frac{t_{j}}{k}\right)^{2} \quad (6-10)$$

当潜在进入者 e 最终获得被剥离资产时，兼并者的激励约束条件为：

$$\frac{1}{(n+1)^{2}}\left[1-\frac{nt_{n-1}}{2k-\Delta k}+\frac{t_{e}}{\Delta k}+\sum_{i=1}^{n-2}\frac{t_{f}}{k}\right]^{2}-\Delta kg > \frac{2}{(n+1)^{2}}\left(1-n\frac{t_{i}}{k}+\sum_{j=1,j\neq i}^{n}\frac{t_{j}}{k}\right)^{2} \quad (6-11)$$

最后，我们来讨论兼并获得反垄断当局通过的约束条件。

当竞争厂商 i 最终获得被剥离资产时，满足兼并后的均衡价格不高于兼并前的市场价格的约束条件为：

$$P^{a2c}=\frac{1}{n}\left(1+\frac{t_{n-1}}{2k-\Delta k}+\frac{t_{i}}{k+\Delta k}+\sum_{i=1}^{n-3}\frac{t_{f}}{k}\right)\leqslant P^{b}=\frac{1}{(n+1)}\left(1+\sum_{i=1}^{n}\frac{t_{i}}{k}\right),$$

即 $$\frac{1}{n}\left(1+\frac{t_{n-1}}{2k-\Delta k}+\frac{t_{i}}{k+\Delta k}+\sum_{i=1}^{n-3}\frac{t_{f}}{k}\right)\leqslant\frac{1}{(n+1)}\left(1+\sum_{i=1}^{n}\frac{t_{i}}{k}\right)。\quad (6-12)$$

当潜在进入者 e 最终获得被剥离资产时，满足兼并后的均衡价格不高于兼并前的市场价格的约束条件为：

$$P^{a2e}=\frac{1}{n+1}\left(1+\frac{t_{n-1}}{2k-\Delta k}+\frac{t_{e}}{\Delta k}+\sum_{i=1}^{n-2}\frac{t_{f}}{k}\right)<P^{b}=\frac{1}{(n+1)}\left(1+\sum_{i=1}^{n}\frac{t_{i}}{k}\right)$$

即 $$\frac{t_{n-1}}{2k-\Delta k}+\frac{t_{e}}{\Delta k}\leqslant\frac{t_{n-1}}{k}+\frac{t_{n}}{k} \quad (6-13)$$

对比公式（6-12）和（6-13）可知，当厂商间的技术存在差异时，如果向市场上的在位竞争厂商剥离资产，兼并后的市场均衡价格取决于太多的外生变量，反垄断当局很难获得一个可行的判断标准，此时，向潜在进入者剥离资产就变得更为可行。但是，其前提条件是潜在进入者的技术不能落后于市场上的在位者，否则，它就没有能力进入市场成为一个活跃的竞争者。事实上，潜在进入者的技术越先进，其边际成本就越低，越有可能获得竞拍，兼并获得反垄断当局批准的可能性就越大。

（三）结论

在对称情形下，当边际成本满足一定条件时，即便是不进行资产剥离，横向兼并也可能不会引致价格上涨。只有当兼并将导致价格上涨的情形下，反垄断当局才可以要求兼并者剥离部分资产。在兼并前厂商成本函数对称的情况下，任何向竞争对手大于零的资产剥离都是合意的，而向潜在进入者剥离资产却会导致价格上涨，除非兼并可以产生资产组合效应改变兼并实体 d 的成本函数。当存在这种成本协同效应时，向潜在进入者剥离资产是反垄断当局所偏好的选择，因为这会导致比向竞争者剥离更优的市场结构，更有利于恢复竞争和保护消费者福利。

在不对称情形下，如果厂商间的技术相同，区别仅仅在于资产拥有量的不同，那么向潜在进入者剥离资产是不合意的，这将导致兼并后的价格高于兼并前的市场均衡价格。而如果厂商掌握的技术不同，那么情况就变得非常复杂。太多的外生变量使得推导出一个直观的条件变得困难且不可能。但是，直观上我们仍然可以得出如下的结论：市场结构主要取决于潜在进入者的边际成本。潜在进入者技术越先进，进而边际成本越低，潜在进入者越有可能赢得被剥离资产进入市场。当潜在进入者的技术最先进时，由潜在进入者获得兼并者的被剥离资产不仅有利于消费者，而且对潜在进入者和兼并者而言也是有利可图的。如果潜在进入者的技术落后于市场上的在位者，它就没有能力进入市场成为一个活跃的竞争者，此时，反垄断当局只能向在位者即兼并者的老竞争对手剥离资产。

二、资产剥离需要注意的几个问题

在大多数潜在性反竞争的横向兼并案例中，资产剥离都是最有效的纠正措施（Parker and Balto，2000）[1]。但是，上述模型的分析表明，资产剥离也存在一些问题，需要反垄断当局审慎运用该措施。

1. 能否寻找到合适的受让人

美国联邦贸易委员会和欧盟委员会的研究均表明，能否找到合适的受让人是资产剥离措施成功与否的关键。兼并者可以将资产剥离给潜在进入者，也可以将其出售给现有的竞争者。从理论上讲，要想通过资产剥离达到将竞争恢复到兼并前水平的这一目的，最优的选择是找到一个有能力成为活跃竞争者的潜在进入者，最好是相对于所有在位者技术更先进、效率更高的潜在进入者，这不仅将有助于恢复市场结构，还有助于强化竞争。但仅有先进的技术还远远不足以成为一个合适的资产受让人，该潜在进入者还应该具有购买"为一个经营实体能成为市场上有生存能力的竞争者所必需的全部经营要素，如有形资产（如研发、生产、分销、销售和营销）和无形资产（知识产权和商誉），雇佣、采购和销售协议（以保证它们的可流动性），客户，第三方服务协议，技术援助（范围、期限、成本和质量）等"[2] 的能力。事实证明这是非常困难的。即便潜在进入者是高效率的，如果它此前没有在相关行业运营过，往往对该行业的了解不够透彻，从而有可能在并没有掌握哪些是要想成为该行业有实力的竞争者所必需的关键资产的情况下，买到一大堆没有实质意义的资产，从而难以成为市场上的有效竞争者。近些年，美国联邦贸易委员会关于横向兼并案补救措施事后调查的报告证实了不少失败案例都是源于资产剥离者与受让者之间的这种显著的信息不对称。

如果兼并者声称或确实找不到合适的潜在进入者，反垄断当局能否从兼并者所提供的名单——现有竞争者——中筛选出合格的资产接受者，并确保其不会与剥离者进行合谋就变得至关重要。当资产接受者仅可以从现有的竞争对手中选择时，兼并者显然有动机选择愿意与其合谋（不论是公开的还是隐蔽的）的竞争者，至少希望资产接受者不会是有意与其进行激烈竞争的厂

---

① Parker, R. G. and Balto, D. A. The Evolving Approach to Merger Remedies [C]. *Antitrust Report*, 2000, 2: 2-28.

② 引自 Commission Notice on Remedies。

商。由于有意采取进攻型竞争策略的厂商的预期利润会低于温和竞争或合谋厂商的预期利润，在采用拍卖方式出售时，前者往往在竞拍时出价低于后者，这就带来潜在的合谋的风险。

由于信息不对称和成本的原因，寻找和提供剥离资产受让人的工作是兼并方的责任，反垄断当局仅仅负责对受让人的资质进行审查，如果达到其要求就同意，否则就拒绝。这就需要反垄断当局设计出一套有效的审查机制①，仔细考察受让人的资质和意图②，谨慎地将好的买家（即有意成为强有力竞争对手的厂商）识别出来并帮助其获得被剥离资产。一般而言，反垄断当局在审查潜在受让人是否是合适的受让人时应该至少遵循以下几条原则：

（1）受让人接受兼并者的被剥离资产后不会引发新的竞争问题。反垄断当局之所以要求兼并者进行资产剥离主要是担心横向兼并会加强兼并者已经拥有的市场优势地位，形成单边效应，但如果出于这个考虑而将资产或业务剥离给同一市场上的另一家强大的竞争者就可能是不合适的。另一方面，如果有证据显示横向兼并会增加相关市场上竞争者之间合谋的可能性，那么将资产或业务剥离给该市场中现有厂商中一个也会引发竞争问题。在这种情形下，可行的做法是仅批准来自该市场外的其他厂商作为合适的受让人。

（2）潜在的受让人必须要有使用剥离资产在相关市场上进行竞争的意图。兼并者为了避免出现强有力的竞争对手，总是有很强的动机将剥离资产或业务出售给实力弱小的受让人，尤其在不是通过拍卖方式出售剥离资产的情况下，兼并者很可能人为地压低剥离资产的价格以吸引足够弱小的厂商成为受让人。由于受让人关注的仅仅是盈利，即使它无法利用这些剥离资产在相关市场上进行竞争，它也可能将其重新出售或用于别的用途，这样的结果显然与反垄断当局要求兼并方剥离资产的初衷背道而驰，无助于竞争问题的解决。因此，反垄断当局必须审慎地确定潜在的受让人是否具有在相关市场上进行竞争的真实意图，这就需要反垄断当局详细评估受让人的商业计划以及为进

---

① Rey (2000), Gonzalez (2003), Fridolfsson and Stennek (2005), Barros et al. (2007), Gonzalez, A. (2007) 等人先后研究了信息不对称条件下审查机制。

② 合适的受让人应该是出于战略意图的有意成为强有力竞争者的买家，而非一个仅仅出于财务收益考虑的有购买能力的金融买家，即便金融买家有可行的专业管理团队，它也不大会有动力将被剥离业务发展成为一个有效的竞争者。

入相关市场所做的各种努力。此外，当兼并方以直接出售方式剥离资产或业务时，出售价格也可以成为反垄断当局认定潜在受让人真实受让意图的有效参考指标。

（3）潜在的受让人应具备成为相关市场中活跃的持久竞争者的能力。这就要求受让人具有上文所提到的“为一个经营实体能成为市场上有生存能力的竞争者所必需的全部经营要素”。大量横向兼并的案例表明，成功的资产剥离通常源于受让人是那些对所购入资产或业务最熟悉的厂商，而失败的资产剥离则往往归因于受让人：①缺乏相关行业的运营经验；②以过高的价格购入兼并者的被剥离资产或业务后不能有效运营；③缺乏相应的技术能力，从而在接受资产或业务后还要依赖于资产剥离方的技术支持或援助。一般而言，在找不到拥有先进技术的潜在进入者时，相关市场中比较边缘的竞争者、计划拓展地域市场的厂商以及供应商或经销商都可能是比较好的备选受让人。

（4）受让人必须独立于资产剥离方，且与剥离方不存在任何关联。这是确保资产剥离不至于引发合谋问题的关键。如果受让人与资产剥离方或兼并者之间存在关联，就无法保证受让人会成为一个有活力的竞争者而非一个合谋者。

2. 如何确定被剥离资产

反垄断当局要求兼并方剥离资产的主要目的是恢复市场竞争，防止因兼并而引发竞争问题，这就提出了一个问题：如何合理地确定兼并者的被剥离资产，使剥离资产的受让人拥有足够的资源和意愿在获得这些剥离资产后能及时、持续地参与相关市场的竞争。进一步，兼并方剥离资产的质量和数量必须包括足以使受让人成为一个有效的、持续的竞争者所需要的所有关键资产或业务，以达到恢复市场有效竞争的目的，而不是无助于恢复竞争并可能被受让人清理或重新处置的业务。[①] 事实上，除非受让人可以凭借其获得的剥离资产直接成为相关市场的有效竞争者，否则，受让人就有将受让的剥离资产再出售或投入其他市场或用途使用的动机，而这种结果显然是反垄断当局所不愿意看到的，因此，兼并者剥离的资产不仅要足以使受让人有能力和意愿将该资产投入到相关市场并成为一个有效的竞争者。而另一方面，兼并者总是具有强烈的动机来确保其被剥离资产的受让者没有能力成为其强大的竞争对手，因而，兼并者总是会努力地通过转让某些品牌、专利或业务及转移有用的员工和消极甚至是不对生产设备进行正常的维修等途径来降低剥离资产的价值。由于信息的显著不对称，反垄断当局如何能确保兼并者不从事有可能减少资产价值或阻挠资产出售的活动？如何确定被剥离资产中包含使潜在进入者能够成为有实力的竞争者所必需的关键资产？是整体剥离某个运营实体还是部分剥离？尤其是当技术是成功的关键时，是否需要对知识产权等这种“软资产”进行某种形式的剥离以确保潜在进入者可以有效进入？当市场在位竞争者为唯一可行的资产接受者时，该竞争者可能仅愿意接受某些能与其现有业务进行整合的特定资产，而这种“混合—匹配”剥离方法又有可能造成经营实体的生存能力和效率方面的风险。美国联邦储备贸易委员会进行的资产剥离研究显示，在完整剥离正常运营实体的情况下，成功进入的可能性就要大得多；而在有选择地剥离资产的情况下，进入所遇到的问题明显增多。

3. 在资产剥离者与受让者之间必须要保持某种特定关系时，如何避免资产剥离措施的失效

在一些横向兼并案中，资产受让者要想在接受资产或业务后有效运营，必须接入剥离方的基础设施或从剥离者那里获得技术援助或某种必要的投入

① 在美国和欧盟的剥离实践中，最常见的问题是剥离资产包的范围过窄。为避免因资产剥离而出现有实力的竞争者，剥离方通常会仅仅提供一个范围狭窄的剥离资产包，这个剥离资产包往往缺少使受让人成为相关市场上活跃竞争者所必需的关键资产。更糟糕的情况是，在欧盟的个别案例中还出现兼并者剥离的主要资产与恢复相关市场有效竞争所需资产不相关的情况，此外，剥离方还利用资产剥离的机会将一些不良资产塞进了剥离资产包，最后，不仅没有实现恢复市场竞争的目的，反而进一步增强了兼并者的市场势力，形成了明显的单边效应。

品，这就要求兼并者在资产剥离的同时提供无歧视性的设施接入或技术许可等协议安排。美国联邦贸易委员会的调查结果显示，在19件存在这种关系的被调查合并案中，有13件案例证实资产剥离措施实效，结果是资产的受让者无法有效运营或与资产剥离者进行合谋，与反垄断当局希冀恢复竞争的目标背道而驰。

总之，反垄断当局在选择资产剥离措施时应该审慎评估。一方面，反垄断当局应该尽力确保让有能力成为活跃竞争者的潜在进入者受让剥离资产或业务，倘若不能，则退而求其次，在现有的竞争者中筛选出一家合适的厂商成为受让人，克服横向兼并所可能导致的单边效应问题；另一方面，反垄断当局还应该审慎评估资产剥离所导致的合谋的风险。[①] 尤其是当资产接受者是现有的在位者厂商时，更应该予以重视。如果资产剥离将导致合谋，反垄断当局应该直接驳回兼并申请。只有既能克服单边效应，又不会导致合谋效应的以资产剥离为条件的横向兼并案才应该获得批准。

第四节　反垄断政策启示

为预防横向兼并可能产生的单边效应和协调效应，反垄断当局可以运用行为性补救措施或/和结构性补救措施来消除潜在的反竞争效应或恢复市场竞争。由于行为性补救措施不仅有可能导致规范风险、欺骗风险、扭曲风险以及监管与执行风险，还要求反垄断当局必须进行跟踪监控，这大大地局限了其实用性和有效性。因此，在大多数潜在性反竞争横向兼并案例中，资产剥离都成为反垄断当局的优先选择。

在理论层面，基于古诺模型的分析表明：（1）在对称情形下，任何向竞争对手大于零的资产剥离都是合意的，而向潜在进入者剥离资产却会导致价

---

① 张曦、周方召："资产剥离的合意性：基于消费者标准的分析"，《财经研究》，2010年第12期，第115页。

格上涨，除非兼并可以产生资产组合效应改变兼并后的新厂商的成本函数。当存在这种成本协同效应时，向潜在进入者剥离资产会导致比向竞争者剥离更优的市场结构，更有利于恢复竞争和保护消费者福利；（2）在不对称情形下，如果厂商间的技术相同，区别仅仅在于资产拥有量的不同，那么向潜在进入者剥离资产是不合意的，这将导致兼并后的价格高于兼并前的市场均衡价格。而如果厂商掌握的技术不同，那么情况就变得非常复杂。总之，市场结构主要取决于潜在进入者的边际成本。潜在进入者技术越先进，进而边际成本越低，潜在进入者越有可能赢得被剥离资产进入市场。当潜在进入者的技术最先进时，由潜在进入者获得兼并者的被剥离资产不仅有利于消费者，而且对潜在进入者和兼并者而言也是有利可图的。如果潜在进入者的技术落后于市场上的在位者，它就没有能力进入市场成为一个活跃的竞争者，此时，反垄断当局只能向在位者即兼并者的老竞争对手剥离资产。

在实践层面，资产剥离的有效性取决于：（1）能否寻找到合适的受让人；（2）能否合理地确定被剥离资产；（3）在资产剥离者与受让者之间必须要保持某种特定关系时，能否有效地避免资产剥离措施的失效。因此，反垄断当局在选择资产剥离措施时，一方面应该尽力确保让有能力成为活跃竞争者的潜在进入者受让剥离资产或业务，倘若不能，则退而求其次，在现有的竞争者中筛选出一家合适的厂商成为受让人，克服横向兼并所可能导致的单边效应问题；另一方面还应该审慎评估资产剥离所导致的合谋的风险。尤其是当资产接受者是现有的在位者厂商时，更应该予以重视。如果资产剥离将导致合谋，反垄断当局应该直接驳回兼并申请。只有既能克服单边效应，又不会导致合谋效应的以资产剥离为条件的横向兼并案才应该获得批准。

总之，无论是结构性补救措施还是行为性补救都有缺陷。反垄断当局在运用补救措施尤其是结构性补救措施来纠正市场结构以期恢复竞争时，需要审慎考虑。一般而言，应该坚持以下三项基本原则。

第一，除非横向兼并对竞争构成事实上的威胁，否则不能运用补救措施。显而易见的是，作为一种干预措施，补救措施只有在证明有必要时才能强加于一项横向兼并案。补救措施被运用来解决对竞争所构成的潜在的不确定的威胁，其有效性取决于反垄断当局审慎的判断。反垄断当局总是一方面承受着节约有限调查资源的压力，另一方面又要切实履行保护符合公众利益的竞争的职责。而兼并方往往又急于完成它们的交易。因此，反垄断当局与兼并方能快速合理地就兼并的补救措施达成一致意见可能符合双方的利益，太严格就会过犹不及。过于严格或不必要的补救措施将降低兼并所产生的效率或保护了竞争者而不是竞争，进而实质上损害了消费者。

第二，补救措施应当是消除横向兼并所引发的竞争问题的限制性最小的措施。在横向兼并审查中，反垄断当局解决的是未来可能的反竞争效应，而非观察到的现实反竞争效应，因而，最优的方案是运用限制性最小的措施来解决潜在的竞争问题，这将赋予兼并方更大的自由来获取效率和应对未来的发展。

第三，反垄断当局决不可运用补救措施行使产业计划者（industrial planning）的角色。运用横向兼并补救措施的目标不是由反垄断当局来决定什么样的市场结构是最优的，而是对导致消费者利益受损的行为进行矫正，将竞争水平恢复到兼并前的水平。一旦这种损害得以修补，竞争将决定市场绩效并选择谁是赢家谁是输家。尤其对中国这样的新兴市场经济国家，刚刚从计划经济转向市场经济，更要坚决贯彻这一原则，避免重蹈计划经济的覆辙，使竞争政策而非产业政策成为维护经济顺畅运行的主体。

第七章

结论与展望

第一节 主要结论

在经济转型、产业结构调整、开放的压力等众多因素的作用下，从 20 世纪 90 年代起，中国兴起了一股以横向兼并为主的并购浪潮。由于横向兼并具有增强兼并厂商市场势力、削弱竞争等负面效应，一直以来是世界各国反垄断当局关注的重点。中国虽然在 2008 年也实施了《反垄断法》，但由于《反垄断法》本身以及已经出台的部分实施细则规定的是一些较为粗线条甚至是原则性的条款，这就使得依据《反垄断法》对横向兼并进行反垄断审查面临极大的挑战。加强对横向兼并的反垄断研究是《反垄断法》实施的迫切需求。本书在对现有文献进行系统梳理的基础上，重点研究了横向兼并的协调效应以及在反垄断审查和资产剥离方面存在的问题，并得出如下主要结论：

第一，市场势力虽然会导致资源配置的无效率、寻租以及生产的“X—非效率”等静态福利损失，但市场势力本身并不是有害的，相反，一定的市场势力还是激励厂商进行研发投资和创新的必要条件。然而，过高的市场势力则往往会削弱厂商的创新激励，导致动态无效率。这就意味着，最有利于创新的市场结构可能是具有一定市场势力的“中间环境”。因此，旨在促进竞争和保护消费者利益的反垄断政策应当关注妨碍竞争或对竞争构成伤害的过高的市场势力，特别是厂商通过外部横向兼并扩大市场势力的行为，因为横向兼并通常会增强兼并厂商的市场势力，并有可能产生单边效应和/或协调效应。

第二，没有效率改进的横向兼并虽然未必会造成社会整体福利的下降，但必然导致价格上涨和消费者福利受损。当兼并厂商可以从横向兼并中获得足够大的效率改进时，横向兼并不仅可以增加社会整体福利，还能够降低兼并后的均衡价格，增加消费者福利。这就意味反垄断当局必须要综合运用市场份额、需求弹性、市场进入条件、买方势力等诸多影响单边效应的因素，在重点关注大厂商间横向兼并的同时，审慎地判断横向兼并可能产生的效率改进。反垄断政策不应该保护低效的竞争者，而应该是致力于保护竞争和消费者。如果横向兼并显著改变市场结构，反垄断当局应当认真考虑是否有别的途径来获取效率的改进。如果只能通过横向兼并才能获得效率改进，则应审慎地判断市场进入条件及潜在进入者进入的可能性，审慎地判断兼并的效率与可能引发的竞争问题，如合谋问题。必要的情况下，可以采取资产剥离等补救措施来消除横向兼并的反竞争效应，恢复市场竞争。

第三，增加对称性的横向兼并将有利于合谋的形成和维持，而增加不对称性的横向兼并则不利于合谋的形成和维持。大厂商间的横向兼并通常不利于合谋的形成与维持。在厂商成本对称和部分合谋的条件下，如果横向兼并不能提升兼并厂商的效率，无论是参与合谋的厂商还是边缘竞争厂商，都基本上不具备兼并的动机。即便它们发起了横向兼并，由于兼并提高了“胡萝卜加大棒”策略下维持联合利润最大化的默契合谋所必需的最小临界贴现值，所以兼并不利于默契合谋的维持。这是本书的第一个创新点。在厂商成本不对称、不允许单边支付和简单的两阶段最优惩罚策略的条件下，合谋能否维持取决于效率最低厂商偏离最优合谋产量和效率最高厂商偏离惩罚产量的动机。由于效率最高厂商参与的横向兼并进一步提高了厂商间的效率，其参与默契合谋的动机进一步变小，偏离惩罚路径的动机进一步变大，因此兼并的协调效应较小。相对地，由于效率最低厂商参与的横向兼并使其效率得以提升，导致其参与默契合谋的动机变大，而偏离合谋产量的动机变小，兼并的协调效应较大。总之，大厂商参与的横向兼并通常会削弱其参与默契合谋的动机，增大了默契合谋可维持的难度。如果进一步考虑到动态重复博弈中厂商间以何种方式选择何种产量（价格）作为合谋产量（价格）的困难，横向兼并的协调效应可能要比我们想象的低很多，这与欧美国家目前的反垄断政策的主流理念相冲突——大厂商参与的横向兼并会促进合谋的形成和有利于合谋的维持。

第四，消费者剩余标准是一个理论上和实践中均可行、合意的反垄断审查标准。威廉姆森（1968）权衡理论的提出引发了一场关于横向兼并的反垄断审查标准之争，至今尚未平息。通过对总福利标准与消费者剩余标准的深入讨论，不难发现：总福利标准不仅忽略了收入再分配问题，将财富从消费者向生产者的转移视为中性，而且本身还存在逻辑混乱的问题，因此，不适合作为反垄断审查的标准。相反，消费者剩余标准不仅是一个可以实现横向兼并的帕累托效率改进，而且易于反垄断当局执行，是一个可行的合意审查标准。这是本书第二个创新点。

第五，鉴于贿赂行为在新兴市场经济国家比较严重，解决横向兼并反垄断审查中的腐败问题的关键是提高兼并厂商提交的信息质量和反垄断审查过程的信息透明度。这是本书的第三个创新点。在反垄断审查过程中，兼并厂商与反垄断审查机构之间客观上存在信息的不对称，再加之理性的经济人是以自身利益的最大化为行事准则，这就为反垄断审查机构以信息不完备或信息过量为借口索贿提供了可能，使得一些本不能通过的横向兼并申请获得通过。换言之，在一个信息不对称的市场中，如果兼并有利可图但却不能通过反垄断审查，兼并厂商总是具备行贿的动机。而反垄断审查机构受贿可能性的大小主要取决于兼并厂商提供的信息质量。兼并厂商提供的信息质量越高，反垄断审查机构被政府监察部门查实存在受贿行为的概率就越高，因而其接受贿赂的可能性就越低。当兼并厂商意识到政府监察部门存在信息核查预算成本时，它的最优行动是利用自身的信息优势来提供过量的信息和复杂的信息，以降低政府监察部门监管复查并查实存在贿赂行为的概率，使得一项效率改进达不到消费者剩余标准的横向兼并获得通过。因此，提高兼并厂商提交信息的质量成为解决反垄断审查中的寻租问题的关键。此外，还要考虑反垄断审查过程本身的信息公开问题。公开、透明、公正、合理的反垄断审查有利于避免至少是减少反垄断审查过程中的腐败问题。

第六，行为性补救措施不仅有可能导致规范风险、欺骗风险、扭曲风险以及监管与执行风险，还因为要求反垄断当局必须进行跟踪监控，使其实用性和有效性被打“折扣”。因此，资产剥离是反垄断当局优先选择的补救措施。

基于古诺寡占模型的分析表明：（1）在对称情形下，当边际成本满足一定条件时，即便是不进行资产剥离，横向兼并也可能不会引致价格上涨。只有在兼并将导致价格上涨的情形下，反垄断当局才可以要求兼并者剥离部分资产。（2）在兼并前厂商成本函数对称的情况下，任何向竞争对手大于零的资产剥离都是合意的，而向潜在进入者剥离资产却会导致价格上涨，除非兼并可以产生资产协同效应扩大内部人或兼并厂商的联合产能。当存在这种资产协同效应时，向潜在进入者剥离资产应当是反垄断当局的最优选择，因为这会导致比向竞争者剥离资产更优的市场结构，更有利于恢复市场竞争和保护消费者福利。（3）在不对称情形下，如果厂商间的技术相同，区别仅仅在于资产拥有量的不同，那么向潜在进入者剥离资产是不合意的，这将导致兼并后的价格高于兼并前的市场均衡价格。（4）如果厂商掌握的技术不同，那么，潜在进入者技术越先进，进而边际成本越低，潜在进入者越有可能以竞拍的方式赢得被剥离资产进入市场。当潜在进入者的技术最先进时，由潜在进入者获得兼并者的被剥离资产不仅有利于消费者，而且对潜在进入者和兼并者而言也是有利可图的。如果潜在进入者的技术落后于市场上的在位者，它就没有能力进入市场成为一个活跃的竞争者，此时，反垄断当局只能向在位者即兼并者现有的竞争对手剥离资产。这是本书的第四个创新点。

上述理论分析意味着一项资产剥离的有效性取决于：（1）能否寻找到合适的受让人；（2）能否合理地确定被剥离资产；（3）在资产剥离者与受让者之间必须要保持某种特定关系时，能否有效地避免资产剥离措施的失效。因此，反垄断当局在选择资产剥离措施时，一方面应该尽力确保让有能力成为活跃竞争者的潜在进入者受让剥离资产或业务，倘若不能，则退而求其次，在现有的竞争者中筛选出一家合适的厂商成为受让人，克服横向兼并所可能导致的单边效应问题；另一方面还应该审慎评估资产剥离所导致的合谋的风险。尤其是当资产接受者是现有的在位者厂商时，更应该予以重视。如果资产剥离将导致合谋，反垄断当局应该直接驳回兼并申请。只有既能克服单边效应，又不会导致合谋效应的以资产剥离为条件的横向兼并案才应该获得批准。

总之，无论是结构性补救措施还是行为性补救都有缺陷。反垄断当局在运用补救措施尤其是结构性补救措施来纠正市场结构以期恢复竞争时，需要审慎考虑。一般而言，应该坚持以下三项基本原则：（1）除非横向兼并对竞争构成事实上的威胁，否则不能运用补救措施；（2）补救措施应当是消除横向兼并所引发的竞争问题的限制性最小的措施；（3）反垄断当局决不可运用补救措施行使产业计划者（industrial planning）的角色。

第二节 研究展望

首先，虽然本书对横向兼并可能引发的反竞争效应进行了较为详细的理论分析，但是并没有进行相应的案例分析和模拟实证研究。对横向兼并单边效应的案例研究和协调效应的仿真模拟研究将是未来的一个重要研究方向。

其次，本书仅仅是一个一般性的理论研究，没有涉及新经济中的横向兼并问题。针对新经济尤其是网络经济中的横向兼并的研究目前方兴未艾，是一个富有前景的研究方向。

再次，信息不对称条件下的横向兼并审查是横向兼并控制中的难点和重点，本书虽然针对横向兼并审查中的信息问题做了一些研究，但这仅仅是提出了一个问题，并没有就如何解决这个问题进行深入研究。如何通过合理的信息筛选和披露机制缩小兼并方与反垄断当局之间的信息不对称问题，降低反垄断当局犯第 1 类错误和第 2 类错误的概率，有效减少乃至杜绝反垄断审查中的贿赂问题，将是下一阶段理论研究的重点。

最后，理论研究的目的在于指导实践，为实践服务。对中国现阶段横向兼并中的突出问题——国企横向兼并和外资企业对国内行业龙头企业的兼并问题——进行相应的理论分析并提供有价值的政策建议是下一步应用性研究的重中之重。

参考文献

[1] 波斯纳著：《法律的经济分析》，中国大百科全书出版社 1997 年版。

[2] 多纳德·海、德理克·莫瑞斯著：《产业经济学与组织》，经济科学出版社 2001 年版。

[3] 胡义东、钟德强、仲伟俊："异质产品供应链定价控制权与零售商横向兼并效应分析"，《管理工程学报》，2006 年第 4 期。

[4] 化冰、陈宏民、翁轶丛："差异厂商横向兼并的长期效应分析"，《管理工程学报》，2003 第 2 期。

[5] 肯尼斯·W. 克拉克森、罗杰·勒鲁瓦·米勒著：《产业经济学与组织》，上海三联书店 1989 年版。

[6] 刘莉、钟德强、刘辉、罗定提："异质产品 Bertrand 寡头竞争企业分散授权横向兼并效应分析"，《系统工程》，2008 年第 2 期。

[7] 刘莉、钟德强："合约可观察性与异质产品横向兼并效应"，《软科学》，2006 年第 5 期。

[8] 马西莫·莫塔著：《竞争政策——理论与实践》，上海财经大学出版社 2006 年版。

[9] 潘鹏杰、周方召、张曦："外资并购反垄断审查中的信息与合谋"，《经济体制改革》，2011 年第 2 期。

[10] 斯蒂芬·马丁著：《高级产业经济学》，上海财经大学出版社 2003 年版。

[11] 威廉姆森著：《反托拉斯经济学——兼并、协约和策略行为》，经

济科学出版社 1999 年版。

[12] 熊彼特著:《资本主义、社会主义与民主》, 商务印书馆 1979 年版。

[13] 张曦、周方召: "资产剥离的合意性: 基于消费者标准的分析", 《财经研究》, 2010 年第 12 期。

[14] 张曦: "部分合谋市场上横向兼并的协调效应——基于 Cournot 模型的分析", 《哈尔滨商业大学学报 (哲学社会科学版)》, 2013 年第 1 期。

[15] 张曦: "效率抗辩、反垄断审查标准与信息质量", 《商业研究》, 2011 年第 8 期。

[16] 钟德强、仲伟俊: "Bertrand 竞争下异质产品企业委托授权与横向兼并效应分析", 《系统工程理论与实践》, 2005 年第 10 期。

[17] Abreu, D. Extremal Equilibria of Oligopolistic Supergames [J]. *Journal of Economic Theory*, 1986, (39).

[18] Adilov, N. and Alexander, P. J. Horizontal Merger: Pivotal Buyers and Bargaining Power [J]. *Economics Letters*, 2006, (91).

[19] Arrow, K. J. *The Rate and Direction of Inventive Activity* [M], New York: Princeton University Press, 1962.

[20] Baumol, W. J., Panzar, J. C. and Willing, R. D. *Contestable Markets and the Theory of Industry Structure* [M]. New York: Harcourt Brace Jovanovich, 1982.

[21] Bian, L. and McFetridge, D. G. The Efficiencies Defence in Merger Cases: Implications of Alternative Standards [J]. *The Canadian Journal of Economics*, 2000, 33 (2).

[22] Brannman, L. and Froeb, L. M. Mergers, Cartels, Set - Asides, and Bidding Preferences in Asymmetric Oral Auctions [J]. *The Review of Economics and Statistics*, 2000, (82).

[23] Cabral, L. Horizontal Mergers with Free - entry: Why Cost Efficiencies May Be a Weak Defense and Asset Sales a Poor Remedy [J]. *International Journal of Industrial Organization*, 2003, (21).

[24] Carlton, D. W. Does Antitrust Need to be Modernized? [J]. *Journal of Economic Perspectives*, 2007, 21 (3).

[25] Chang, Myong - Hun and Harrington, Joseph E. The Effects of Irreversible Investment in Durable Capacity on the Incentive for Horizontal Merger [J]. *Southern Economic Journal*, 1988, (55).

[26] Compte, O., Jenny, F. and Rey, P. Capacity Constraints, Mergers and Collusion [J]. *European Economic Review*, 2002, (46).

[27] Cosnita, A. and Tropeano, J. P. Negotiating Remedies: Revealing the Merger Deficiency Gains [J]. *International Journal of Industrial Organization*, 2009, (27).

[28] Cowling, K. *Mergers and Economy Performance* [M]. Cambridge: Cambridge University Press, 1980.

[29] Creane, A. and Davidson, C. Multidivisional Firms, Internal Competition, and the Merger Paradox [J]. *The Canadian Journal of Economics/Revue canadienne d'Economique*, 2004, (37).

[30] Dalkir, S., Logan, J. W. and Masson, R. T. Mergers in Symmetric and Asymmetric Noncooperative Auction Markets: The Effects on Prices and Efficiency [J]. *International Journal of Industrial Organization*, 2000, (18).

[31] Davidson, C. and Deneckere, R. Horizontal Mergers and Collusive Behavior [J]. *International Journal of Industrial Organization*, 1984, (2).

[32] Davidson, C. and Mukherjee, A. Horizontal Mergers with Free Entry [J]. *International Journal of Industrial Organization*, 2007, (25).

[33] Demestz, H. Information and Efficiency: Another Viewpoint [J]. *Journal of law and economics*, 1969, 12 (1).

[34] Deneckere, R. and Davidson, C. Incentives to Form Coalitions with Bertrand Competition [J]. *The RAND Journal of Economics*, 1985, (16).

[35] Elzinga, K. G. and Hogarty, T. F. The Problem of Geographic Market Definition in Anti - merger Suits [J]. *Antitrust Bulletin*, 1973, (18).

[36] Farrell, J. and Katz, M. L. The Economics of Welfare Standards in Antitrust [J]. *Competition Policy International*, 2006, (2).

[37] Farrell, J. and Shapiro, C. Horizontal Mergers: An Equilibrium Analysis [J]. *American Economic Review*, 1990, (80).

[38] Froeb, L. M., Tschantz, S. and Werden, G. J. Pass - through Rates and the Price Effects of Mergers [J]. *International Journal of Industrial Organization*, 2005, (23).

[39] Gandhi A., Froeb, L., Tschantz, S. and Werden G. J. Post - Merger Product Repositioning [J]. *The Journal of Industrial Economics*, 2008, (56).

[40] Gowrisankaran, G. A Dynamic Model of Endogenous Horizontal Mergers [J]. *The RAND Journal of Economics*, 1999, (30).

[41] Gowrisankaran, G. and Holmes, T. J. Mergers and the Evolution of Industry Concentration: Results from the Dominant - Firm Model [J]. *The RAND Journal of Economics*, 2004, (35).

[42] Heyer, K. Welfare Standards and Merger Analysis: Why Not the Best? [J]. *Competition Policy International*, 2006, (2).

[43] Horn, H. and Wolinsky, A. Bilateral Monopolies and Incentives for Merger [J]. *The RAND Journal of Economics*, 1988, (19).

[44] Huck, S., Konrad, Kai A. and Müller, W. Big Fish Eat Small Fish: On Merger in Stackelberg Markets [J]. *Ecomomics Letters*, 2001, (73).

[45] Inders, D. and Wey, C. Bargaining, Mergers, and Technology Choice in Bilaterally Oligopolistic Industries [J]. *The RAND Journal of Economics*, 2003, (34).

[46] Johan, N. M. and Paul, H. On the Desirability of an Efficiency Defense in Merger Control [J]. *International Journal of Industrial Organization*, 2005, (23).

[47] Krueger, A. Q. The Political Economy of the Rent - seeking Society [J]. *American Economic Review*, 1974, 64 (3).

[48] Paolo Buccirossi. *Handbook of Antitrust Economics* [M]. Cambridge: MIT Press, 2008.

[49] Lee Chang - Yang. A New Perspective on Industry R&D and Market Structure [J], *The Journal of Industrial Economics*, 2005, 53 (1).

[50] Leibenstein, H. Allocative Efficiency vs. X - Efficiency [J]. *American Economic Review*, 1966, (56).

[51] Levy, D. T. and Reitzes, J. D. Anticompetitive Effects of Mergers in Markets with Localized Competition [J]. *Journal of Law, Economics, & Organization*, 1992, (8).

[52] Mailath, G. J. and Zemsky, P. Collusion in Second Price Auction with Heterogeneous Bidders [J]. *Games and Economic Behavior*, 1991, (3).

[53] Marc Escrihuela - Villar. Partial Coordination and Mergers among Quantity - setting Firms [J]. *International Journal of Industrial Organization*. 2007, (26).

[54] Mark Armstrong and Robert H. Porter. *Handbook of Industrial Organization* [M], Netherlands, 2007.

[55] McAfee, R. P. and Williams, M. A. Horizontal Mergers and Antitrust Policy [J]. *The Journal of Industrial Economics*, 1992, 40 (2).

[56] Neven, D. J. and Roller, L. H. Consumer Surplus vs. Welfare Standard in a Political Economy Model of Merger Control [J]. *International Journal of Industrial Organization*, 2005, (23).

[57] Nilssen, T. and Sorgard, L. Sequential Horizontal Mergers [J]. *European Economic Review*, 1998, (42).

[58] Norman, G. and Pepallt, L. Profitable Mergers in a Cournot Model of Spatial Competition [J]. *Southern Economic Journal*, 2000, (66).

[59] O'Brien, D. P. and Shaffer, G. Bargaining, Bundling, and Clout: The Portfolio Effects of Horizontal Mergers [J]. *The RAND Journal of Economics*, 2005, (36).

[60] Parker, R. G. and Balto, D. A. The Evolving Approach to Merger Remedies [C]. *Antitrust Report*, 2000, (2).

[61] Patrick A. McNutt. *Law, Economics and Antitrust: Toward a New Perspective* [M]. Cheltenham: Edward Elgar, 2005.

[62] Perry, M. K., and Porter, R. H. Oligopoly and the Incentive for Horizontal Merger [J]. *American Economic Review*, 1985, (75).

[63] Posner, R. A. The Social Cost of Monopoly and Regulation [J]. *Journal of Political Economy*, 1975, (83).

[64] Raskovich, A. Pivotal Buyers and Bargaining Position [J]. *The Journal of Industrial Economics*, 2003, (51).

[65] Rothschild, R. Cartel Stability When Costs Are Heterogeneous [J]. *International Journal of Industrial Organization*, 1999, (17).

[66] Salant, S. W., Switzer, S. and Reynolds, R. J. Losses from Horizontal Merger: The Effects of an Exogenous Change in Industry Structure on Cournot – Nash Equilibrium [J]. *Quarterly Journal of Economics*, 1983, (98).

[67] Scherer, F. M. and Ross, D. *Industrial Market Structure and Economic Performance* [M]. Boston: Houghton Mifflin, 1990.

[68] Scherer, F. M. Market Structure and Employment of Scientists and Engineers [J]. *American Economic Review*, 1967, 57 (3).

[69] Shapiro, C. Mergers with Differentiated Products [J]. *Antitrust*, 1996, 10 (2).

[70] Spector, D. Horizontal Mergers, Entry, and Efficiency Defenses [J]. *International Journal of Industrial Organization*, 2003, (21).

[71] Stephen, P. and Charles, F. M. On the Welfare Effects of Mergers: Short Run vs Long Run [J]. *The Quarterly Review of Economics and Finance*, 1998, (38).

[72] Tschantz, S., Crooke, P. and Froeb. L. Mergers in Sealed versus Oral Auctions [J]. *International Journal of the Economics of Business*, 2000, (7).

[73] Tullock, G. The Welfare Costs of Tariffs, Monopolies, and Theft [J]. *Western Economic Journal*. 1967, 5 (3).

[74] Vasconcelos, H. Tacit Collusion, Cost Asymmetries, and Mergers [J]. *The RAND Journal of Economics*, 2005, 36 (1).

[75] Vistnes, G. Hospitals, Mergers, and Two – Stage competition [J]. *Antitrust Law Journal*, 2000, (67).

[76] Vives, X. Private Information, Strategic Behavior, and Efficiency in Cournot Markets [J]. *The RAND Journal of Economics*, 2002 (33).

[77] Vossen, R. W. Market Power, Industrial Concentration and Innovative Activity [J]. *Review of Industrial Organization*, 1999, (15).

[78] Waehrer, K. and Perry, M. K. The Effects of Mergers in Open – Auction Markets [J]. *The RAND Journal of Economics*, 2003, (34).

[79] Werden, G. J. A Robust Test for Consumer Welfare Enhancing Mergers among Sellers of Differentiated Products [J]. *The Journal of Industrial Economics*, 1996, 44 (4).

[80] Werden, G. J. and Froeb, L. M. The Effects of Mergers in Differentiated Products Industries: Logit Demand and Merger Policy [J]. *Journal of Law, Economics, & Organization*, 1994, (10).

[81] Werden, G. J. and Froeb, L. M. The Entry – Inducing Effects of Horizontal Mergers: An Exploratory Analysis [J]. *The Journal of Industrial Economics*, 1998, (46).

后　记

《横向兼并的反垄断分析》是我在博士学位论文基础上完成的，断断续续地用了近一年的时间进行修改，如今定稿并即将交付印刷，内心却丝毫没有如释重负之感，反而惴惴不安。究其原因，实乃是本书的水平难达恩师期许之故。

光阴飞逝，转瞬间博士毕业已经五年。忆起在南开求学的点点滴滴，不禁思绪万千。在我人生中最为重要的求学经历中，有幸师从段文斌教授，从事经济学的学习与研究。在有限的相处时间里，段老师身体力行，让我明白了如何从事经济学研究，如何做人、做事，如何当好一名老师。“问题导向、严谨、负责”是段老师说得最多的，也是他自身的真实写照，让我领略到一个学者应有的严谨治学态度和一个师者应有的大家风范，并激励着我在经济学研究的道路上前行。没有段老师的教诲与鼓励，也就没有本书的出版，在此由衷地对恩师道一声“谢谢”！

同时，还要感谢南开大学的朱光华教授、蒋殿春教授、柳欣教授等授业老师，是你们为我打开了通往经济学殿堂的大门！感谢我的博士后合作导师曲振涛教授对本书提出的修改意见！感谢中国财政经济出版社周桂元主任和编辑吴檬檬女士为本书的出版所付出的辛勤劳动！

最后，谨以此书献给我已逝的父母。在我成长的青少年时代，家庭生活较为拮据，父母依然竭尽所能为我提供最好的上学条件，使我有机会成为家族中第一个离开祖辈厮守的故土而远赴外地求学的人，但他们却未能与我共享求学路上的收获与乐趣，父亲甚至连我的大学入学通知书都没有看到。希望此书的出版能够些许告慰远在天堂的父母！同时，此书也献给我深爱的妻子。妻子在我求学的过程中默默承担了家庭中的全部工作，为我提供了一个宽松而舒适的写作环境，没有她无私的付出，亦没有这本书的出版。

路漫漫其修远兮，吾将上下而求索！唯有在经济学研究的道路上不断前行，方能不负父母的养育之恩和恩师的谆谆教诲与提携之恩！

张曦

2015 年 12 月